EVERYT...

THESE HANDY, accessible books give you all you need to tackle a difficult project, gain a new hobby, comprehend a fascinating topic, prepare for an exam, or even brush up on something you learned back in school but have since forgotten.

You can read an EVERYTHING® book from cover to cover or just pick out the information you want from our four useful boxes: e-facts, e-ssentials, e-alerts, and e-questions. We literally give you everything you need to know on the subject, but throw in a lot of fun stuff along the way, too.

We now have well over 300 EVERYTHING® books in print, spanning such wide-ranging topics as weddings, pregnancy, wine, learning guitar, one-pot cooking, managing people, and so much more. When you're done reading them all, you can finally say you know EVERYTHING®!

Ⓔ **Facts:** Important sound bytes of information

Ⓔ **Essentials:** Quick and handy tips

Ⓔ **Alerts:** Urgent warnings

Ⓔ **Questions:** Solutions to common problems

THE
EVERYTHING®
Series

Dear Reader,

As always, I am pleased to be able to share my love and knowledge of the French language with you. This is my third book, and in some sense it's a combination of my previous books The *Everything®* *Spanish Verb Book* and *The Everything® French Phrase Book*.

Although I never intended to be a language teacher or a writer (my original goal was to be a conference interpreter in some place like the UN), I eventually found the perfect niche as a virtual language teacher. I teach French and Spanish on the Internet, and it's thanks to my Web sites (About the French Language at ✐*http://french.about.com* and All Info About Spanish at ✐*http://spanish. allinfo-about.com*) that I was asked to write these three language books. I hope you will find them useful in your continuing language studies. And now, *au travail* !

Laura Lawless

THE
EVERYTHING®
FRENCH VERB BOOK

A handy reference for
mastering verb conjugation

Laura K. Lawless

Adams Media
Avon, Massachusetts

Dédié à ma tante Rosie, qui a toujours été là pour moi

· · ·

Copyright ©2005, F+W Publications, Inc.
All rights reserved. This book, or parts thereof, may not be reproduced
in any form without permission from the publisher; exceptions
are made for brief excerpts used in published reviews.

An Everything® Series Book.
Everything® and everything.com® are registered trademarks of
F+W Publications, Inc.

Published by Adams Media, an F+W Publications Company
57 Littlefield Street, Avon, MA 02322 U.S.A.
www.adamsmedia.com

ISBN: 1-59337-307-4

Printed in Canada.

J I H G F E D C B A

Library of Congress Cataloging-in-Publication Data
Lawless, Laura K.
The everything French verb book / Laura K. Lawless.
p. cm. — (An everything series book)
English and French.
ISBN 1-59337-307-4
1. French language—Verb. I. Title. II. Series: Everything series.
PC2271.L338 2005
448.2'421—dc22
2004026351

This publication is designed to provide accurate and authoritative information
with regard to the subject matter covered. It is sold with the understanding that
the publisher is not engaged in rendering legal, accounting, or other professional
advice. If legal advice or other expert assistance is required, the services of a com-
petent professional person should be sought.

 —From a *Declaration of Principles* jointly adopted by a Committee of the
American Bar Association and a Committee of Publishers and Associations

Many of the designations used by manufacturers and sellers to distinguish their
products are claimed as trademarks. Where those designations appear in this
book and Adams Media was aware of a trademark claim, the designations have
been printed with initial capital letters.

Cover illustrations by Barry Littmann.

This book is available at quantity discounts for bulk purchases.
For information, please call 1-800-872-5627.

THE

EVERYTHING®
Series

EDITORIAL

Publishing Director: Gary M. Krebs
Managing Editor: Kate McBride
Copy Chief: Laura M. Daly
Acquisitions Editors: Eric M. Hall, Gina Chaimanis
Development Editor: Julie Gutin
Production Editor: Jamie Wielgus
Language Editor: Susana C. Schultz

PRODUCTION

Production Director: Susan Beale
Production Manager: Michelle Roy Kelly
Series Designer: Daria Perreault
Cover Design: Paul Beatrice and Matt LeBlanc
Layout and Graphics: Colleen Cunningham,
Rachael Eiben, Michelle Roy Kelly,
John Paulhus, Daria Perreault,
Monica Rhines, Erin Ring

Acknowledgments

Thank you to my agent, Barb Doyen; my editor, Julie Gutin; and all of the folks at Adams Media who helped create this book. It's been a very interesting experience. I wish I could say *merci* to Madame Collins, my high school French teacher, who was always kind and patient even when *I* wasn't and who led a school trip to France which let me see the Eiffel Tower on its 100th birthday. If it weren't for her, this book might not exist. *Enfin et surtout*, thanks to Orin/Laurent/Henri (I can't remember your *surnom du jour*) for everything. *Merci beaucoup.*

Introduction

VERBS TEND TO BE one of the more difficult aspects of learning French, and verb conjugation books are the key to mastering them. The three main sections in *The Everything® French Verb Book* are the lessons chapter, verb tables, and the appendix. You should start with the lessons, which will teach you the most important aspects of French verb conjugation. The verb tables serve as a quick-reference guide to the simple conjugations of the most common and useful French verbs. The appendix presents a list of 1,000 verbs conjugated similarly to one of the verbs in the verb tables.

Unlike some other French verb books, the verb tables here only include simple (single verb) conjugations. This is because compound (double verb) conjugations are based on simple conjugations and are very easy to figure out, so there is no need to conjugate hundreds of verbs into seven additional tenses. In addition, each of the more than 250 verbs in the tables has a brief description of its conjugation pattern.

How to Use This Book

After you review the lessons, take a look at the verb tables. On each verb page, you'll find the French verb, its English translation, and its conjugation type. Verbs that are also used reflexively include the English translation of the reflexive usage, indicated by (*se*). You will then see the verb conjugated into the eight simple tenses as well as the verb's present and past participles.

The conjugations are shown next to the appropriate pronoun. For the sake of simplicity, only one grammatical person is listed for each conjugation: *je*, *tu*, *il*, *nous*, *vous*, and *ils*.

These 250 verbs serve as conjugation model verbs for the 1,000 additional verbs in the appendix. Each of these additional verbs includes a translation and a model verb that you can use for reference. For example, if you look up *devenir*, the model verb listed will be *venir*, which means these two verbs follow the exact same conjugation pattern. (Note that if you look up *venir*, it will be repeated in the model verb column.)

The following abbreviations and terms are used in the verb tables and in the appendix: s.o. (someone), s.t. (something), inf (informal), fam (familiar), and impersonal (a verb which has conjugations for just one or two grammatical persons).

Conjugating French Verbs

A verb is the word that refers to an action (he *works*) or describes a state of being (he *is* tired). Verbs are one of the most essential parts of speech, since they are a required element in sentences. Nouns, pronouns, adjectives, and other parts of speech don't show up in every sentence you use, but verbs do. For example, the shortest grammatically correct sentence in English is "Go!" That single word, a verb in the imperative, is a complete sentence.

Conjugating French Verbs

French verbs have to be "conjugated" or "inflected." That is, they have to be changed according to how they are used. Each French verb has at least five (and usually six) different conjugations for each tense and mood.

 Fact

> The basic form of a verb is called the infinitive and is considered the name of the verb. The English infinitive is "to," followed by the basic form of the verb, while the French infinitive is a single word with one of three infinitive endings: *–er, –ir,* or *–re.* For example, *parler* (to speak), *finir* (to finish), *vendre* (to sell).

Most French verbs are conjugated by removing the infinitive ending to find the radical or root, and then adding the ending appropriate to the desired conjugation. There are a total of five elements in conjugation: number, person, voice, mood, and tense.

Number and Person

Number and person go hand in hand and together indicate the grammatical person: who or what is performing the action of the verb. Number is divided into singular (one) and plural (more than one). As for person, there is first person (the speaker), second person (the listener), and third person (neither the speaker nor the listener). So there are two numbers and three persons, making a total of six grammatical persons, each of which has at least one subject pronoun:

	singular	plural
1st person	*je* (I)	*nous* (we)
2nd person	*tu* (you)	*vous* (you)
3rd person	*il, elle, on*	*ils, elles*
	(he, she, it, one)	(they)

As you can see, French and English pronouns don't always correspond. *Il* and *elle* mean "it" when they replace a noun of that gender, so *le chien* becomes *il* and *la ville* becomes *elle*. *On* is "one," used in impersonal statements. *Ils* is used for men, male nouns, and mixed gender groups (in other words, *ils* is the default), while *elles* can be used only for a group of women and/or female nouns.

There are two words for "you." French makes two important distinctions: *Tu* is only used to address one person who is close to you; *vous* is a formal and/or plural form of "you."

Making Sense of Tense

Tense refers to the timeframe in which a verb's action takes place: present, past, or future. A simple tense is a verb form made up of a single word: *je mange* (I eat), *nous parlons* (we talk), *il étudiera* (he will study). A compound tense is a verb form made up of two words: auxiliary verb + participle: *J'ai mangé* (I have eaten), *il aurait étudié* (he would have studied). Note that simple and compound tenses don't always match up in French and English. For example, *étudiera* is a simple tense in French, while its translation "will study" is a compound tense in English.

Get in the Mood

Mood refers to the attitude of the speaker toward the action/state of the verb how likely or factual the statement is. French has three moods: indicative, subjunctive, and imperative.

The indicative mood indicates a fact: *J'aime lire.* (I like to read.) The subjunctive expresses subjectivity, such as doubt, fear, wish and unlikelihood: *Je veux que tu le fasses.* (I want you to do it.) Note that the subjunctive is rare in English but common in French. The third mood, the imperative, gives a command: *Aidez-moi !* (Help me!)

Four Types of Verbs

There are four main types of French verbs: regular, irregular, stem-changing, and reflexive. Most French verbs are regular, which means that once you know how to conjugate one regular *–er, –ir,* and *–re* verb, you can conjugate the majority of French verbs. Irregular verbs have conjugations specific to just one or a handful of verbs.

Stem-Changing Verbs

In a stem-changing verb, the radical undergoes a spelling change in certain conjugations. These verbs are classified by their endings.

Verbs that end in *–yer* (*payer, nettoyer, ennuyer*) change from Y to I in certain conjugations. However, this stem change is optional for *–ayer* verbs. That is, verbs like *payer* and *essayer* may or may not have a stem-change (*je paie* and *je paye* are equally acceptable).

Verbs that end in *–eler* (like *appeler*) and *–eter* (*jeter*) double the letter L or T in the stem-changing conjugations (*j'appelle, je jette*). Verbs that end in *–e_er* (*lever*) and *–é_er* (*céder*) have an È in place of the penultimate E or the É in the stem-changing conjugations (*je lève, je cède*).

Verbs that end in *–cer* (*lancer*) have a C > Ç change before A and O (*nous lançons*). Verbs that end in *–ger* (*manger*) have a G > GE change in front of A and O (*nous mangeons*).

Reflexive Verbs

Reflexive verbs may be regular, irregular, or stem-changing verbs, but they have an additional characteristic: they are preceded by a reflexive pronoun, which indicates that the subject is performing the action of the verb upon itself (*Je me lave.* I'm washing myself.) or that multiple subjects are performing a reciprocal action (*Ils s'écrivent.* They are writing to each other.). Many verbs have both reflexive and non-reflexive uses. For example, *écrire* means "to write" (a letter, a book, etc.), whereas *s'écrire* means "to write to each other."

Reflexive verbs must be conjugated according to their infinitive ending and regular/stem-changing/irregular status. The only difference is that they are preceded by the appropriate relative pronoun. The following example is the present-tense conjugation of *se laver* (to wash oneself):

je **me** *lave*	*nous* **nous** *lavons*
tu **te** *laves*	*vous* **vous** *lavez*
il **se** *lave*	*ils* **se** *lavent*

Simple Tenses

Now, let's review the conjugations by starting with simple tenses: present, simple past, imperfect, future, and conditional.

Present Tense

The French present tense, *le présent*, is very similar to the English present tense. The main difference is that in French, "I eat," "I am eating," and "I do eat" are all translated by *je mange*.

 **Question?**

What if it's important to emphasize the fact that something is happening right now?

You can use the expression *être en train de*. For example, here's how you can say "I'm eating": *Je suis en train de manger*. (I am in the process of eating.)

In the present tense, regular verbs are conjugated by dropping the infinitive ending and adding:

–er Verbs		*–ir* Verbs		*–re* Verbs	
–e	–ons	–is	–issons	–s	–ons
–es	–ez	–is	–issez	–s	–ez
–e	–ent	–it	–issent	–	–ent

Simple Past (Preterite)

The French simple past tense, *le passé simple,* is a literary tense, meaning that it is used mainly in formal, written French. In spoken French, the compound past, *le passé composé*, discussed in the compound tense section of this chapter, is used instead. For this reason, you don't need to learn how to conjugate the *passé simple*, but you should be able to recognize it. See the verb tables for *passé simple* conjugations of common verbs.

Imperfect

The imperfect tense, *l'imparfait,* is used to talk about a past action or state of being without specifying when it began or ended. It is often equivalent to "was . . . –ing" in English. The French imperfect may be used for descriptions: *Il faisait chaud.* (It was hot.) It can also express repeated actions in the past: *Je lisais tous les jours.* (I used to read every day.)

The imperfect is relatively easy to conjugate, because all verbs except *être* (to be) are conjugated the same way. Drop the –ons from the present tense *nous* form and add the appropriate ending.

Imperfect Endings

–ais	–ions
–ais	–iez
–ait	–aient

Être uses *ét–* as its stem and takes the same endings.

Future and Conditional

The French future, *le futur*, and conditional, *le conditionnel*, are both formed with the entire infinitive plus the appropriate ending. A handful of verbs have irregular future/conditional radicals, but they use the same endings as regular verbs.

Irregular Radical Forms

acheter	achèter–	faire	fer–
appeler	appeller–	pleuvoir	pleuvr–
aller	ir–	pouvoir	pourr–
avoir	aur–	savoir	saur–
devoir	devr–	venir	viendr–
envoyer	enverr–	voir	verr–
essayer	essaier–	vouloir	voudr–
être	ser–		

The French future tense is used much like its English counterpart ("will" + verb) to announce upcoming events. It is conjugated with the infinitive or irregular future stem plus the future ending.

The conditional is used for actions that are not guaranteed to occur; often they are dependent on certain conditions. It is translated by "would" in English. The conditional is conjugated with the infinitive or irregular conditional stem plus the conditional ending.

Future Tense Endings		Conditional Tense Endings	
–ai	–ons	–ais	–ions
–as	–ez	–ais	–iez
–a	–ont	–ait	–aient

The Imperative Mood

The imperative, *l'impératif,* is a verb mood used to give a command, either affirmative (go!) or negative (don't go!). There are three forms of the imperative: *tu, nous,* and *vous.*

The imperative form of regular and irregular *–ir* and *–re* verbs is the same as the indicative (i.e., regular present tense).

In the imperative of *–er* verbs as well as verbs like *ouvrir* and *souffrir* (which are conjugated like *–er* verbs, so that the indicative *tu* form ends in *–es*), the *nous* and *vous* forms of the imperative are the same as the indicative, but the *tu* form drops the final "s": *tu manges* (you eat) becomes *mange* (eat!).

Regular Imperative Forms of *–er, –ir,* and *–re* Verbs

	parler	*finir*	*attendre*
(tu)	*parle*	*finis*	*attends*
(nous)	*parlons*	*finissons*	*attendons*
(vous)	*parlez*	*finissez*	*attendez*

There are only four verbs with irregular forms in the imperative: *avoir, être, savoir,* and *vouloir* (see the verb tables for these conjugations).

Subjunctive Mood

The subjunctive mood, *le subjonctif*, expresses emotional, potential, and hypothetical attitudes about what is being expressed—things like will/wanting, emotion, doubt/fear, possibility, necessity, and judgment. The subjunctive is conjugated based on the present indicative and the endings are the same for regular, stem-changing, and irregular verbs, although the radical conjugation varies in each category.

For all regular *–er, –ir,* and *–re* verbs, take the 3rd person plural form (*ils*) of the present tense of the verb, drop the *–ent* ending to find the subjunctive stem, and add the subjunctive endings as follows:

	ending	*parler*	*choisir*	*rendre*
que je	*–e*	*parle*	*choisisse*	*rende*
que tu	*–es*	*parles*	*choisisses*	*rendes*
qu'il/elle/on	*–e*	*parle*	*choisisse*	*rende*
que nous	*–ions*	*parlions*	*choisissions*	*rendions*
que vous	*–iez*	*parliez*	*choisissiez*	*rendiez*
qu'ils/elles	*–ent*	*parlent*	*choisissent*	*rendent*

Most irregular verbs follow the same pattern as regular verbs for the singular conjugations (*je, tu, il, elle, on*) as well as the third person plural (*ils, elles*). However, they use the first person plural (*nous*) as the stem for their *nous* and *vous* forms of the subjunctive:

boire	*envoyer*	*prendre*	*venir*
que nous	*buvions*	*envoyions*	*prenions*	*venions*
que vous	*buviez*	*envoyiez*	*preniez*	*veniez*

Fact

There are three verbs which have irregular subjunctive stems but use the same endings as above: *faire (fass–)*, *pouvoir (puiss–)*, and *savoir (sach–)*. *Avoir* and *être* are completely irregular in the subjunctive.

Imperfect Subjunctive

The imperfect tense of the subjunctive mood, *l'imparfait du subjonctif,* is used to express the same subjectivity as the present subjunctive, but in the past. Like the *passé simple*, the imperfect subjunctive is a literary tense and thus extremely rare.

Compound Tenses and Moods

Compound tenses and moods are those made up of two parts: an auxiliary (helping) verb and a past participle. The auxiliary verb is what actually sets the tense and mood of the action—it must be conjugated according to the time and mood of the action as well as to the grammatical person performing it.

Auxiliary Verbs

French has two auxiliary verbs, and all French verbs are classified by which auxiliary verb they take in the compound tenses. Most French verbs use *avoir*, but the following verbs (and their derivatives) require *être*: *aller* (to go), *arriver* (to arrive), *descendre* (to descend), *entrer* (to enter), *monter* (to climb), *mourir* (to die), *naître* (to be born), *partir* (to leave), *passer* (to spend time), *rester* (to stay), *retourner* (to return), *sortir* (to go out), *tomber* (to fall), and *venir* (to come).

Past Participles

The French past participle, *le participe passé,* is formed by dropping the infinitive ending of a verb and adding é, i, or u, depending on the original ending of the verb (*–er, –ir,* and *–re,* respectively): *parlé, fini, vendu.* Irregular verbs usually have an irregular past participle.

Compound Past Tense

The French compound past tense, *le passé composé,* is equivalent in English to both the simple past (I ate) and the present perfect (I have eaten). In French, both of these sentences would be translated by *j'ai mangé.* The compound past is conjugated with the present tense of the appropriate auxiliary verb plus the past participle.

Additional Tenses and Moods

There are four other common compound tenses and moods, formed with the auxiliary verb conjugated in the imperfect, future, conditional, and subjunctive:

Compound Tense	Auxiliary Verb Conjugation
past perfect (pluperfect)	imperfect
future perfect	future
past conditional	conditional
past subjunctive	subjunctive

Verb Charts

ABOLIR
to abolish
Regular –ir verb

	Présent	**Subjonctif**
j'	abolis	abolisse
tu	abolis	abolisses
il	abolit	abolisse
nous	abolissons	abolissions
vous	abolissez	abolissiez
ils	abolissent	abolissent

	Imparfait	**Passé simple**
j'	abolissais	abolis
tu	abolissais	abolis
il	abolissait	abolit
nous	abolissions	abolîmes
vous	abolissiez	abolîtes
ils	abolissaient	abolirent

	Futur	**Conditionnel**
j'	abolirai	abolirais
tu	aboliras	abolirais
il	abolira	abolirait
nous	abolirons	abolirions
vous	abolirez	aboliriez
ils	aboliront	aboliraient

	Imparfait du subjonctif	**Impératif**
j'	abolisse	
tu	abolisses	abolis
il	abolît	
nous	abolissions	abolissons
vous	abolissiez	abolissez
ils	abolissent	

Auxiliaire	**Participe passé**	**Participe présent**
avoir	aboli	abolissant

ACCUEILLIR
to welcome, greet
Irregular –*ir* verb

	Présent	**Subjonctif**
j'	accueille	accueille
tu	accueilles	accueilles
il	accueille	accueille
nous	accueillons	accueillions
vous	accueillez	accueilliez
ils	accueillent	accueillent

	Imparfait	**Passé simple**
j'	accueillais	accueillis
tu	accueillais	accueillis
il	accueillait	accueillit
nous	accueillions	accueillîmes
vous	accueilliez	accueillîtes
ils	accueillaient	accueillirent

	Futur	**Conditionnel**
j'	accueillerai	accueillerais
tu	accueilleras	accueillerais
il	accueillera	accueillerait
nous	accueillerons	accueillerions
vous	accueillerez	accueilleriez
ils	accueilleront	accueilleraient

	Imparfait du subjonctif	**Impératif**
j'	accueillisse	
tu	accueillisses	accueille
il	accueillît	
nous	accueillissions	accueillons
vous	accueillissiez	accueillez
ils	accueillissent	

Auxiliaire	**Participe passé**	**Participe présent**
avoir	accueilli	accueillant

ACHETER
to buy
Stem-changing (E > È) –er verb

	Présent	**Subjonctif**
j'	achète	achète
tu	achètes	achètes
il	achète	achète
nous	achetons	achetions
vous	achetez	achetiez
ils	achètent	achètent

	Imparfait	**Passé simple**
j'	achetais	achetai
tu	achetais	achetas
il	achetait	acheta
nous	achetions	achetâmes
vous	achetiez	achetâtes
ils	achetaient	achetèrent

	Futur	**Conditionnel**
j'	achèterai	achèterais
tu	achèteras	achèterais
il	achètera	achèterait
nous	achèterons	achèterions
vous	achèterez	achèteriez
ils	achèteront	achèteraient

	Imparfait du subjonctif	**Impératif**
j'	achetasse	
tu	achetasses	achète
il	achetât	
nous	achetassions	achetons
vous	achetassiez	achetez
ils	achetassent	

Auxiliaire	**Participe passé**	**Participe présent**
avoir	acheté	achetant

ACQUÉRIR
to acquire
Irregular –ir verb

	Présent	**Subjonctif**
j'	acquiers	acquière
tu	acquiers	acquières
il	acquiert	acquière
nous	acquérons	acquérions
vous	acquérez	acquériez
ils	acquièrent	acquièrent

	Imparfait	**Passé simple**
j'	acquérais	acquis
tu	acquérais	acquis
il	acquérait	acquit
nous	acquérions	acquîmes
vous	acquériez	acquîtes
ils	acquéraient	acquirent

	Futur	**Conditionnel**
j'	acquerrai	acquerrais
tu	acquerras	acquerrais
il	acquerra	acquerrait
nous	acquerrons	acquerrions
vous	acquerrez	acquerriez
ils	acquerront	acquerraient

	Imparfait du subjonctif	**Impératif**
j'	acquisse	
tu	acquisses	acquiers
il	acquît	
nous	acquissions	acquérons
vous	acquissiez	acquérez
ils	acquissent	

Auxiliaire	**Participe passé**	**Participe présent**
avoir	acquis	acquérant

17

ADMETTRE
to admit
Irregular –re verb

	Présent	**Subjonctif**
j'	admets	admette
tu	admets	admettes
il	admet	admette
nous	admettons	admettions
vous	admettez	admettiez
ils	admettent	admettent

	Imparfait	**Passé simple**
j'	admettais	admis
tu	admettais	admis
il	admettait	admit
nous	admettions	admîmes
vous	admettiez	admîtes
ils	admettaient	admirent

	Futur	**Conditionnel**
j'	admettrai	admettrais
tu	admettras	admettrais
il	admettra	admettrait
nous	admettrons	admettrions
vous	admettrez	admettriez
ils	admettront	admettraient

	Imparfait du subjonctif	**Impératif**
j'	admisse	
tu	admisses	admets
il	admît	
nous	admissions	admettons
vous	admissiez	admettez
ils	admissent	

Auxiliaire	**Participe passé**	**Participe présent**
avoir	admis	admettant

ADMIRER
to admire
Regular –er verb

	Présent	**Subjonctif**
j'	admire	admire
tu	admires	admires
il	admire	admire
nous	admirons	admirions
vous	admirez	admiriez
ils	admirent	admirent

	Imparfait	**Passé simple**
j'	admirais	admirai
tu	admirais	admiras
il	admirait	admira
nous	admirions	admirâmes
vous	admiriez	admirâtes
ils	admiraient	admirèrent

	Futur	**Conditionnel**
j'	admirerai	admirerais
tu	admireras	admirerais
il	admirera	admirerait
nous	admirerons	admirerions
vous	admirerez	admireriez
ils	admireront	admireraient

	Imparfait du subjonctif	**Impératif**
j'	admirasse	
tu	admirasses	admire
il	admirât	
nous	admirassions	admirons
vous	admirassiez	admirez
ils	admirassent	

Auxiliaire	**Participe passé**	**Participe présent**
avoir	admiré	admirant

ADORER
to adore
Regular *-er* verb

	Présent	**Subjonctif**
j'	adore	adore
tu	adores	adores
il	adore	adore
nous	adorons	adorions
vous	adorez	adoriez
ils	adorent	adorent

	Imparfait	**Passé simple**
j'	adorais	adorai
tu	adorais	adoras
il	adorait	adora
nous	adorions	adorâmes
vous	adoriez	adorâtes
ils	adoraient	adorèrent

	Futur	**Conditionnel**
j'	adorerai	adorerais
tu	adoreras	adorerais
il	adorera	adorerait
nous	adorerons	adorerions
vous	adorerez	adoreriez
ils	adoreront	adoreraient

	Imparfait du subjonctif	**Impératif**
j'	adorasse	
tu	adorasses	adore
il	adorât	
nous	adorassions	adorons
vous	adorassiez	adorez
ils	adorassent	

Auxiliaire	**Participe passé**	**Participe présent**
avoir	adoré	adorant

AGACER
to irritate
Spelling-change (C > Ç) –er verb

	Présent	**Subjonctif**
j'	agace	agace
tu	agaces	agaces
il	agace	agace
nous	agaçons	agacions
vous	agacez	agaciez
ils	agacent	agacent

	Imparfait	**Passé simple**
j'	agaçais	agaçai
tu	agaçais	agaças
il	agaçait	agaça
nous	agacions	agaçâmes
vous	agaciez	agaçâtes
ils	agaçaient	agacèrent

	Futur	**Conditionnel**
j'	agacerai	agacerais
tu	agaceras	agacerais
il	agacera	agacerait
nous	agacerons	agacerions
vous	agacerez	agaceriez
ils	agaceront	agaceraient

	Imparfait du subjonctif	**Impératif**
j'	agaçasse	
tu	agaçasses	agace
il	agaçât	
nous	agaçassions	agaçons
vous	agaçassiez	agacez
ils	agaçassent	

Auxiliaire	**Participe passé**	**Participe présent**
avoir	agacé	agaçant

AIDER
to help
Regular –er verb

	Présent	**Subjonctif**
j'	aide	aide
tu	aides	aides
il	aide	aide
nous	aidons	aidions
vous	aidez	aidiez
ils	aident	aident

	Imparfait	**Passé simple**
j'	aidais	aidai
tu	aidais	aidas
il	aidait	aida
nous	aidions	aidâmes
vous	aidiez	aidâtes
ils	aidaient	aidèrent

	Futur	**Conditionnel**
j'	aiderai	aiderais
tu	aideras	aiderais
il	aidera	aiderait
nous	aiderons	aiderions
vous	aiderez	aideriez
ils	aideront	aideraient

	Imparfait du subjonctif	**Impératif**
j'	aidasse	
tu	aidasses	aide
il	aidât	
nous	aidassions	aidons
vous	aidassiez	aidez
ils	aidassent	

Auxiliaire	**Participe passé**	**Participe présent**
avoir	aidé	aidant

AIMER
to like, love
Regular *–er* verb

	Présent	**Subjonctif**
j'	aime	aime
tu	aimes	aimes
il	aime	aime
nous	aimons	aimions
vous	aimez	aimiez
ils	aiment	aiment

	Imparfait	**Passé simple**
j'	aimais	aimai
tu	aimais	aimas
il	aimait	aima
nous	aimions	aimâmes
vous	aimiez	aimâtes
ils	aimaient	aimèrent

	Futur	**Conditionnel**
j'	aimerai	aimerais
tu	aimeras	aimerais
il	aimera	aimerait
nous	aimerons	aimerions
vous	aimerez	aimeriez
ils	aimeront	aimeraient

	Imparfait du subjonctif	**Impératif**
j'	aimasse	
tu	aimasses	aime
il	aimât	
nous	aimassions	aimons
vous	aimassiez	aimez
ils	aimassent	

Auxiliaire	**Participe passé**	**Participe présent**
avoir	aimé	aimant

AJOUTER
to add
Regular *-er* verb

	Présent	**Subjonctif**
j'	ajoute	ajoute
tu	ajoutes	ajoutes
il	ajoute	ajoute
nous	ajoutons	ajoutions
vous	ajoutez	ajoutiez
ils	ajoutent	ajoutent

	Imparfait	**Passé simple**
j'	ajoutais	ajoutai
tu	ajoutais	ajoutas
il	ajoutait	ajouta
nous	ajoutions	ajoutâmes
vous	ajoutiez	ajoutâtes
ils	ajoutaient	ajoutèrent

	Futur	**Conditionnel**
j'	ajouterai	ajouterais
tu	ajouteras	ajouterais
il	ajoutera	ajouterait
nous	ajouterons	ajouterions
vous	ajouterez	ajouteriez
ils	ajouteront	ajouteraient

	Imparfait du subjonctif	**Impératif**
j'	ajoutasse	
tu	ajoutasses	ajoute
il	ajoutât	
nous	ajoutassions	ajoutons
vous	ajoutassiez	ajoutez
ils	ajoutassent	

Auxiliaire	**Participe passé**	**Participe présent**
avoir	ajouté	ajoutant

ALLER
to go
Irregular –*er* verb

	Présent	**Subjonctif**
je/j'	vais	aille
tu	vas	ailles
il	va	aille
nous	allons	allions
vous	allez	alliez
ils	vont	aillent

	Imparfait	**Passé simple**
j'	allais	allai
tu	allais	allas
il	allait	alla
nous	allions	allâmes
vous	alliez	allâtes
ils	allaient	allèrent

	Futur	**Conditionnel**
j'	irai	irais
tu	iras	irais
il	ira	irait
nous	irons	irions
vous	irez	iriez
ils	iront	iraient

	Imparfait du subjonctif	**Impératif**
j'	allasse	
tu	allasses	va
il	allât	
nous	allassions	allons
vous	allassiez	allez
ils	allassent	

Auxiliaire	**Participe passé**	**Participe présent**
être	allé	allant

AMENER
to take, bring
Stem-changing (E > È) –er verb

	Présent	**Subjonctif**
j'	amène	amène
tu	amènes	amènes
il	amène	amène
nous	amenons	amenions
vous	amenez	ameniez
ils	amènent	amènent

	Imparfait	**Passé simple**
j'	amenais	amenai
tu	amenais	amenas
il	amenait	amena
nous	amenions	amenâmes
vous	ameniez	amenâtes
ils	amenaient	amenèrent

	Futur	**Conditionnel**
j'	amènerai	amènerais
tu	amèneras	amènerais
il	amènera	amènerait
nous	amènerons	amènerions
vous	amènerez	amèneriez
ils	amèneront	amèneraient

	Imparfait du subjonctif	**Impératif**
j'	amenasse	
tu	amenasses	amène
il	amenât	
nous	amenassions	amenons
vous	amenassiez	amenez
ils	amenassent	

Auxiliaire	**Participe passé**	**Participe présent**
avoir	amené	amenant

AMUSER
to amuse, entertain
Regular –er verb
s'amuser: to have fun, amuse o.s.

	Présent	**Subjonctif**
j'	amuse	amuse
tu	amuses	amuses
il	amuse	amuse
nous	amusons	amusions
vous	amusez	amusiez
ils	amusent	amusent

	Imparfait	**Passé simple**
j'	amusais	amusai
tu	amusais	amusas
il	amusait	amusa
nous	amusions	amusâmes
vous	amusiez	amusâtes
ils	amusaient	amusèrent

	Futur	**Conditionnel**
j'	amuserai	amuserais
tu	amuseras	amuserais
il	amusera	amuserait
nous	amuserons	amuserions
vous	amuserez	amuseriez
ils	amuseront	amuseraient

	Imparfait du subjonctif	**Impératif**
j'	amusasse	
tu	amusasses	amuse
il	amusât	
nous	amusassions	amusons
vous	amusassiez	amusez
ils	amusassent	

Auxiliaire	**Participe passé**	**Participe présent**
avoir	amusé	amusant

APPELER
to call
Stem-changing (L > LL) *–er* verb
s'appeler: to be called/named

	Présent	Subjonctif
j'	appelle	appelle
tu	appelles	appelles
il	appelle	appelle
nous	appelons	appelions
vous	appelez	appeliez
ils	appellent	appellent

	Imparfait	Passé simple
j'	appelais	appelai
tu	appelais	appelas
il	appelait	appela
nous	appelions	appelâmes
vous	appeliez	appelâtes
ils	appelaient	appelèrent

	Futur	Conditionnel
j'	appellerai	appellerais
tu	appelleras	appellerais
il	appellera	appellerait
nous	appellerons	appellerions
vous	appellerez	appelleriez
ils	appelleront	appelleraient

	Imparfait du subjonctif	Impératif
j'	appelasse	
tu	appelasses	appelle
il	appelât	
nous	appelassions	appelons
vous	appelassiez	appelez
ils	appelassent	

Auxiliaire	Participe passé	Participe présent
avoir	appelé	appelant

APPRENDRE
to learn
Irregular –re verb

	Présent	**Subjonctif**
j'	apprends	apprenne
tu	apprends	apprennes
il	apprend	apprenne
nous	apprenons	apprenions
vous	apprenez	appreniez
ils	apprennent	apprennent

	Imparfait	**Passé simple**
j'	apprenais	appris
tu	apprenais	appris
il	apprenait	apprit
nous	apprenions	apprîmes
vous	appreniez	apprîtes
ils	apprenaient	apprirent

	Futur	**Conditionnel**
j'	apprendrai	apprendrais
tu	apprendras	apprendrais
il	apprendra	apprendrait
nous	apprendrons	apprendrions
vous	apprendrez	apprendriez
ils	apprendront	apprendraient

	Imparfait du subjonctif	**Impératif**
j'	apprisse	
tu	apprisses	apprends
il	apprît	
nous	apprissions	apprenons
vous	apprissiez	apprenez
ils	apprissent	

Auxiliaire	**Participe passé**	**Participe présent**
avoir	appris	apprenant

ARRACHER
to pull up/out, to uproot
Regular –er verb

	Présent	**Subjonctif**
j'	arrache	arrache
tu	arraches	arraches
il	arrache	arrache
nous	arrachons	arrachions
vous	arrachez	arrachiez
ils	arrachent	arrachent

	Imparfait	**Passé simple**
j'	arrachais	arrachai
tu	arrachais	arrachas
il	arrachait	arracha
nous	arrachions	arrachâmes
vous	arrachiez	arrachâtes
ils	arrachaient	arrachèrent

	Futur	**Conditionnel**
j'	arracherai	arracherais
tu	arracheras	arracherais
il	arrachera	arracherait
nous	arracherons	arracherions
vous	arracherez	arracheriez
ils	arracheront	arracheraient

	Imparfait du subjonctif	**Impératif**
j'	arrachasse	
tu	arrachasses	arrache
il	arrachât	
nous	arrachassions	arrachons
vous	arrachassiez	arrachez
ils	arrachassent	

Auxiliaire	**Participe passé**	**Participe présent**
avoir	arraché	arrachant

ARRÊTER
to stop s.o., arrest
Regular *-er* verb
s'arrêter: to stop (o.s.)

	Présent	Subjonctif
j'	arrête	arrête
tu	arrêtes	arrêtes
il	arrête	arrête
nous	arrêtons	arrêtions
vous	arrêtez	arrêtiez
ils	arrêtent	arrêtent

	Imparfait	Passé simple
j'	arrêtais	arrêtai
tu	arrêtais	arrêtas
il	arrêtait	arrêta
nous	arrêtions	arrêtâmes
vous	arrêtiez	arrêtâtes
ils	arrêtaient	arrêtèrent

	Futur	Conditionnel
j'	arrêterai	arrêterais
tu	arrêteras	arrêterais
il	arrêtera	arrêterait
nous	arrêterons	arrêterions
vous	arrêterez	arrêteriez
ils	arrêteront	arrêteraient

	Imparfait du subjonctif	Impératif
j'	arrêtasse	
tu	arrêtasses	arrête
il	arrêtât	
nous	arrêtassions	arrêtons
vous	arrêtassiez	arrêtez
ils	arrêtassent	

Auxiliaire	Participe passé	Participe présent
avoir	arrêté	arrêtant

ARRIVER
to arrive; to happen
Regular –er verb

	Présent	**Subjonctif**
j'	arrive	arrive
tu	arrives	arrives
il	arrive	arrive
nous	arrivons	arrivions
vous	arrivez	arriviez
ils	arrivent	arrivent

	Imparfait	**Passé simple**
j'	arrivais	arrivai
tu	arrivais	arrivas
il	arrivait	arriva
nous	arrivions	arrivâmes
vous	arriviez	arrivâtes
ils	arrivaient	arrivèrent

	Futur	**Conditionnel**
j'	arriverai	arriverais
tu	arriveras	arriverais
il	arrivera	arriverait
nous	arriverons	arriverions
vous	arriverez	arriveriez
ils	arriveront	arriveraient

	Imparfait du subjonctif	**Impératif**
j'	arrivasse	
tu	arrivasses	arrive
il	arrivât	
nous	arrivassions	arrivons
vous	arrivassiez	arrivez
ils	arrivassent	

Auxiliaire	**Participe passé**	**Participe présent**
être	arrivé	arrivant

ASSAILLIR
to assail
Irregular *–ir* verb

	Présent	**Subjonctif**
j'	assaille	assaille
tu	assailles	assailles
il	assaille	assaille
nous	assaillons	assaillions
vous	assaillez	assailliez
ils	assaillent	assaillent

	Imparfait	**Passé simple**
j'	assaillais	assaillis
tu	assaillais	assaillis
il	assaillait	assaillit
nous	assaillions	assaillîmes
vous	assailliez	assaillîtes
ils	assaillaient	assaillirent

	Futur	**Conditionnel**
j'	assaillirai	assaillirais
tu	assailliras	assaillirais
il	assaillira	assaillirait
nous	assaillirons	assaillirions
vous	assaillirez	assailliriez
ils	assailliront	assailliraient

	Imparfait du subjonctif	**Impératif**
j'	assaillisse	
tu	assaillisses	assaille
il	assaillît	
nous	assaillissions	assaillons
vous	assaillissiez	assaillez
ils	assaillissent	

Auxiliaire	**Participe passé**	**Participe présent**
avoir	assailli	assaillant

ASSEOIR
to sit (s.o.) down; to establish
Irregular –ir verb
s'asseoir: to sit (o.s.) down

	Présent	**Subjonctif**
j'	assieds	asseye
tu	assieds	asseyes
il	assied	asseye
nous	asseyons	asseyions
vous	asseyez	asseyiez
ils	asseyent	asseyent

	Imparfait	**Passé simple**
j'	asseyais	assis
tu	asseyais	assis
il	asseyait	assit
nous	asseyions	assîmes
vous	asseyiez	assîtes
ils	asseyaient	assirent

	Futur	**Conditionnel**
j'	assiérai	assiérais
tu	assiéras	assiérais
il	assiéra	assiérait
nous	assiérons	assiérions
vous	assiérez	assiériez
ils	assiéront	assiéraient

	Imparfait du subjonctif	**Impératif**
j'	assisse	
tu	assisses	assieds
il	assît	
nous	assissions	asseyons
vous	assissiez	asseyez
ils	assissent	

Auxiliaire	**Participe passé**	**Participe présent**
avoir	assis	asseyant

ASSISTER
to attend
Regular –er verb

	Présent	Subjonctif
j'	assiste	assiste
tu	assistes	assistes
il	assiste	assiste
nous	assistons	assistions
vous	assistez	assistiez
ils	assistent	assistent

	Imparfait	Passé simple
j'	assistais	assistai
tu	assistais	assistas
il	assistait	assista
nous	assistions	assistâmes
vous	assistiez	assistâtes
ils	assistaient	assistèrent

	Futur	Conditionnel
j'	assisterai	assisterais
tu	assisteras	assisterais
il	assistera	assisterait
nous	assisterons	assisterions
vous	assisterez	assisteriez
ils	assisteront	assisteraient

	Imparfait du subjonctif	Impératif
j'	assistasse	
tu	assistasses	assiste
il	assistât	
nous	assistassions	assistons
vous	assistassiez	assistez
ils	assistassent	

Auxiliaire	Participe passé	Participe présent
avoir	assisté	assistant

ATTENDRE
to wait for
Regular –re verb

	Présent	**Subjonctif**
j'	attends	attende
tu	attends	attendes
il	attend	attende
nous	attendons	attendions
vous	attendez	attendiez
ils	attendent	attendent

	Imparfait	**Passé simple**
j'	attendais	attendis
tu	attendais	attendis
il	attendait	attendit
nous	attendions	attendîmes
vous	attendiez	attendîtes
ils	attendaient	attendirent

	Futur	**Conditionnel**
j'	attendrai	attendrais
tu	attendras	attendrais
il	attendra	attendrait
nous	attendrons	attendrions
vous	attendrez	attendriez
ils	attendront	attendraient

	Imparfait du subjonctif	**Impératif**
j'	attendisse	
tu	attendisses	attends
il	attendît	
nous	attendissions	attendons
vous	attendissiez	attendez
ils	attendissent	

Auxiliaire	**Participe passé**	**Participe présent**
avoir	attendu	attendant

ATTIRER
to attract, appeal
Regular –er verb

	Présent	**Subjonctif**
j'	attire	attire
tu	attires	attires
il	attire	attire
nous	attirons	attirions
vous	attirez	attiriez
ils	attirent	attirent

	Imparfait	**Passé simple**
j'	attirais	attirai
tu	attirais	attiras
il	attirait	attira
nous	attirions	attirâmes
vous	attiriez	attirâtes
ils	attiraient	attirèrent

	Futur	**Conditionnel**
j'	attirerai	attirerais
tu	attireras	attirerais
il	attirera	attirerait
nous	attirerons	attirerions
vous	attirerez	attireriez
ils	attireront	attireraient

	Imparfait du subjonctif	**Impératif**
j'	attirasse	
tu	attirasses	attire
il	attirât	
nous	attirassions	attirons
vous	attirassiez	attirez
ils	attirassent	

Auxiliaire	**Participe passé**	**Participe présent**
avoir	attiré	attirant

AVOIR
to have
Irregular –ir verb

	Présent	**Subjonctif**
j'	ai	aie
tu	as	aies
il	a	aie
nous	avons	ayons
vous	avez	ayez
ils	ont	aient

	Imparfait	**Passé simple**
j'	avais	eus
tu	avais	eus
il	avait	eut
nous	avions	eûmes
vous	aviez	eûtes
ils	avaient	eurent

	Futur	**Conditionnel**
j'	aurai	aurais
tu	auras	aurais
il	aura	aurait
nous	aurons	aurions
vous	aurez	auriez
ils	auront	auraient

	Imparfait du subjonctif	**Impératif**
j'	eusse	
tu	eusses	aie
il	eût	
nous	eussions	ayons
vous	eussiez	ayez
ils	eussent	

Auxiliaire	**Participe passé**	**Participe présent**
avoir	eu	ayant

BAISSER
to lower; to fall, drop
Regular –er verb
se baisser: to bend down, stoop, duck

	Présent	**Subjonctif**
je	baisse	baisse
tu	baisses	baisses
il	baisse	baisse
nous	baissons	baissions
vous	baissez	baissiez
ils	baissent	baissent

	Imparfait	**Passé simple**
je	baissais	baissai
tu	baissais	baissas
il	baissait	baissa
nous	baissions	baissâmes
vous	baissiez	baissâtes
ils	baissaient	baissèrent

	Futur	**Conditionnel**
je	baisserai	baisserais
tu	baisseras	baisserais
il	baissera	baisserait
nous	baisserons	baisserions
vous	baisserez	baisseriez
ils	baisseront	baisseraient

	Imparfait du subjonctif	**Impératif**
je	baissasse	
tu	baissasses	baisse
il	baissât	
nous	baissassions	baissons
vous	baissassiez	baissez
ils	baissassent	

Auxiliaire	**Participe passé**	**Participe présent**
avoir	baissé	baissant

BATTRE
to beat
Regular –re verb

	Présent	**Subjonctif**
je	bats	batte
tu	bats	battes
il	bat	batte
nous	battons	battions
vous	battez	battiez
ils	battent	battent

	Imparfait	**Passé simple**
je	battais	battis
tu	battais	battis
il	battait	battit
nous	battions	battîmes
vous	battiez	battîtes
ils	battaient	battirent

	Futur	**Conditionnel**
je	battrai	battrais
tu	battras	battrais
il	battra	battrait
nous	battrons	battrions
vous	battrez	battriez
ils	battront	battraient

	Imparfait du subjonctif	**Impératif**
je	battisse	
tu	battisses	bats
il	battît	
nous	battissions	battons
vous	battissiez	battez
ils	battissent	

Auxiliaire	**Participe passé**	**Participe présent**
avoir	battu	battant

BAVARDER
to chat
Regular *-er* verb

	Présent	**Subjonctif**
je	bavarde	bavarde
tu	bavardes	bavardes
il	bavarde	bavarde
nous	bavardons	bavardions
vous	bavardez	bavardiez
ils	bavardent	bavardent

	Imparfait	**Passé simple**
je	bavardais	bavardai
tu	bavardais	bavardas
il	bavardait	bavarda
nous	bavardions	bavardâmes
vous	bavardiez	bavardâtes
ils	bavardaient	bavardèrent

	Futur	**Conditionnel**
je	bavarderai	bavarderais
tu	bavarderas	bavarderais
il	bavardera	bavarderait
nous	bavarderons	bavarderions
vous	bavarderez	bavarderiez
ils	bavarderont	bavarderaient

	Imparfait du subjonctif	**Impératif**
je	bavardasse	
tu	bavardasses	bavarde
il	bavardât	
nous	bavardassions	bavardons
vous	bavardassiez	bavardez
ils	bavardassent	

Auxiliaire	**Participe passé**	**Participe présent**
avoir	bavardé	bavardant

BLESSER
to injure, offend
Regular –er verb

	Présent	**Subjonctif**
je	blesse	blesse
tu	blesses	blesses
il	blesse	blesse
nous	blessons	blessions
vous	blessez	blessiez
ils	blessent	blessent

	Imparfait	**Passé simple**
je	blessais	blessai
tu	blessais	blessas
il	blessait	blessa
nous	blessions	blessâmes
vous	blessiez	blessâtes
ils	blessaient	blessèrent

	Futur	**Conditionnel**
je	blesserai	blesserais
tu	blesseras	blesserais
il	blessera	blesserait
nous	blesserons	blesserions
vous	blesserez	blesseriez
ils	blesseront	blesseraient

	Imparfait du subjonctif	**Impératif**
je	blessasse	
tu	blessasses	blesse
il	blessât	
nous	blessassions	blessons
vous	blessassiez	blessez
ils	blessassent	

Auxiliaire	**Participe passé**	**Participe présent**
avoir	blessé	blessant

BOIRE
to drink
Irregular –*re* verb

	Présent	**Subjonctif**
je	bois	boive
tu	bois	boives
il	boit	boive
nous	buvons	buvions
vous	buvez	buviez
ils	boivent	boivent

	Imparfait	**Passé simple**
je	buvais	bus
tu	buvais	bus
il	buvait	but
nous	buvions	bûmes
vous	buviez	bûtes
ils	buvaient	burent

	Futur	**Conditionnel**
je	boirai	boirais
tu	boiras	boirais
il	boira	boirait
nous	boirons	boirions
vous	boirez	boiriez
ils	boiront	boiraient

	Imparfait du subjonctif	**Impératif**
je	busse	
tu	busses	bois
il	bût	
nous	bussions	buvons
vous	bussiez	buvez
ils	bussent	

Auxiliaire	**Participe passé**	**Participe présent**
avoir	bu	buvant

BOUGER
to move
Spelling-change (G > GE) –er verb

	Présent	Subjonctif
je	bouge	bouge
tu	bouges	bouges
il	bouge	bouge
nous	bougeons	bougions
vous	bougez	bougiez
ils	bougent	bougent

	Imparfait	Passé simple
je	bougeais	bougeai
tu	bougeais	bougeas
il	bougeait	bougea
nous	bougions	bougeâmes
vous	bougiez	bougeâtes
ils	bougeaient	bougèrent

	Futur	Conditionnel
je	bougerai	bougerais
tu	bougeras	bougerais
il	bougera	bougerait
nous	bougerons	bougerions
vous	bougerez	bougeriez
ils	bougeront	bougeraient

	Imparfait du subjonctif	Impératif
je	bougeasse	
tu	bougeasses	bouge
il	bougeât	
nous	bougeassions	bougeons
vous	bougeassiez	bougez
ils	bougeassent	

Auxiliaire	Participe passé	Participe présent
avoir	bougé	bougeant

BOUILLIR
to boil
Irregular –*ir* verb

	Présent	**Subjonctif**
je	bous	bouille
tu	bous	bouilles
il	bout	bouille
nous	bouillons	bouillions
vous	bouillez	bouilliez
ils	bouillent	bouillent

	Imparfait	**Passé simple**
je	bouillais	bouillis
tu	bouillais	bouillis
il	bouillait	bouillit
nous	bouillions	bouillîmes
vous	bouilliez	bouillîtes
ils	bouillaient	bouillirent

	Futur	**Conditionnel**
je	bouillirai	bouillirais
tu	bouilliras	bouillirais
il	bouillira	bouillirait
nous	bouillirons	bouillirions
vous	bouillirez	bouilliriez
ils	bouilliront	bouilliraient

	Imparfait du subjonctif	**Impératif**
je	bouillisse	
tu	bouillisses	bous
il	bouillît	
nous	bouillissions	bouillons
vous	bouillissiez	bouillez
ils	bouillissent	

Auxiliaire	**Participe passé**	**Participe présent**
avoir	bouilli	bouillant

BROSSER
to brush (s.o. or s.t.)
Regular –er verb
se brosser: to brush (one's teeth, hair, etc.)

	Présent	**Subjonctif**
je	brosse	brosse
tu	brosses	brosses
il	brosse	brosse
nous	brossons	brossions
vous	brossez	brossiez
ils	brossent	brossent

	Imparfait	**Passé simple**
je	brossais	brossai
tu	brossais	brossas
il	brossait	brossa
nous	brossions	brossâmes
vous	brossiez	brossâtes
ils	brossaient	brossèrent

	Futur	**Conditionnel**
je	brosserai	brosserais
tu	brosseras	brosserais
il	brossera	brosserait
nous	brosserons	brosserions
vous	brosserez	brosseriez
ils	brosseront	brosseraient

	Imparfait du subjonctif	**Impératif**
je	brossasse	
tu	brossasses	brosse
il	brossât	
nous	brossassions	brossons
vous	brossassiez	brossez
ils	brossassent	

Auxiliaire	**Participe passé**	**Participe présent**
avoir	brossé	brossant

BRÛLER
to burn
Regular –er verb

	Présent	**Subjonctif**
je	brûle	brûle
tu	brûles	brûles
il	brûle	brûle
nous	brûlons	brûlions
vous	brûlez	brûliez
ils	brûlent	brûlent

	Imparfait	**Passé simple**
je	brûlais	brûlai
tu	brûlais	brûlas
il	brûlait	brûla
nous	brûlions	brûlâmes
vous	brûliez	brûlâtes
ils	brûlaient	brûlèrent

	Futur	**Conditionnel**
je	brûlerai	brûlerais
tu	brûleras	brûlerais
il	brûlera	brûlerait
nous	brûlerons	brûlerions
vous	brûlerez	brûleriez
ils	brûleront	brûleraient

	Imparfait du subjonctif	**Impératif**
je	brûlasse	
tu	brûlasses	brûle
il	brûlât	
nous	brûlassions	brûlons
vous	brûlassiez	brûlez
ils	brûlassent	

Auxiliaire	**Participe passé**	**Participe présent**
avoir	brûlé	brûlant

CACHER
to hide
Regular *–er* verb

	Présent	**Subjonctif**
je	cache	cache
tu	caches	caches
il	cache	cache
nous	cachons	cachions
vous	cachez	cachiez
ils	cachent	cachent

	Imparfait	**Passé simple**
je	cachais	cachai
tu	cachais	cachas
il	cachait	cacha
nous	cachions	cachâmes
vous	cachiez	cachâtes
ils	cachaient	cachèrent

	Futur	**Conditionnel**
je	cacherai	cacherais
tu	cacheras	cacherais
il	cachera	cacherait
nous	cacherons	cacherions
vous	cacherez	cacheriez
ils	cacheront	cacheraient

	Imparfait du subjonctif	**Impératif**
je	cachasse	
tu	cachasses	cache
il	cachât	
nous	cachassions	cachons
vous	cachassiez	cachez
ils	cachassent	

Auxiliaire	**Participe passé**	**Participe présent**
avoir	caché	cachant

CASSER
to break s.t.
Regular –er verb
se casser: to break (one's arm, leg, etc.)

	Présent	**Subjonctif**
je	casse	casse
tu	casses	casses
il	casse	casse
nous	cassons	cassions
vous	cassez	cassiez
ils	cassent	cassent

	Imparfait	**Passé simple**
je	cassais	cassai
tu	cassais	cassas
il	cassait	cassa
nous	cassions	cassâmes
vous	cassiez	cassâtes
ils	cassaient	cassèrent

	Futur	**Conditionnel**
je	casserai	casserais
tu	casseras	casserais
il	cassera	casserait
nous	casserons	casserions
vous	casserez	casseriez
ils	casseront	casseraient

	Imparfait du subjonctif	**Impératif**
je	cassasse	
tu	cassasses	casse
il	cassât	
nous	cassassions	cassons
vous	cassassiez	cassez
ils	cassassent	

Auxiliaire	**Participe passé**	**Participe présent**
avoir	cassé	cassant

CÉDER
to give up, cede
Stem-changing (É > È) –er verb

	Présent	Subjonctif
je	cède	cède
tu	cèdes	cèdes
il	cède	cède
nous	cédons	cédions
vous	cédez	cédiez
ils	cèdent	cèdent

	Imparfait	Passé simple
je	cédais	cédai
tu	cédais	cédas
il	cédait	céda
nous	cédions	cédâmes
vous	cédiez	cédâtes
ils	cédaient	cédèrent

	Futur	Conditionnel
je	céderai	céderais
tu	céderas	céderais
il	cédera	céderait
nous	céderons	céderions
vous	céderez	céderiez
ils	céderont	céderaient

	Imparfait du subjonctif	Impératif
je	cédasse	
tu	cédasses	cède
il	cédât	
nous	cédassions	cédons
vous	cédassiez	cédez
ils	cédassent	

Auxiliaire	Participe passé	Participe présent
avoir	cédé	cédant

CÉLÉBRER
to celebrate
Stem-changing (É > È) –er verb

	Présent	**Subjonctif**
je	célèbre	célèbre
tu	célèbres	célèbres
il	célèbre	célèbre
nous	célébrons	célébrions
vous	célébrez	célébriez
ils	célèbrent	célèbrent

	Imparfait	**Passé simple**
je	célébrais	célébrai
tu	célébrais	célébras
il	célébrait	célébra
nous	célébrions	célébrâmes
vous	célébriez	célébrâtes
ils	célébraient	célébrèrent

	Futur	**Conditionnel**
je	célébrerai	célébrerais
tu	célébreras	célébrerais
il	célébrera	célébrerait
nous	célébrerons	célébrerions
vous	célébrerez	célébreriez
ils	célébreront	célébreraient

	Imparfait du subjonctif	**Impératif**
je	célébrasse	
tu	célébrasses	célèbre
il	célébrât	
nous	célébrassions	célébrons
vous	célébrassiez	célébrez
ils	célébrassent	

Auxiliaire	**Participe passé**	**Participe présent**
avoir	célébré	célébrant

CESSER
to stop, cease
Regular –er verb

	Présent	Subjonctif
je	cesse	cesse
tu	cesses	cesses
il	cesse	cesse
nous	cessons	cessions
vous	cessez	cessiez
ils	cessent	cessent

	Imparfait	Passé simple
je	cessais	cessai
tu	cessais	cessas
il	cessait	cessa
nous	cessions	cessâmes
vous	cessiez	cessâtes
ils	cessaient	cessèrent

	Futur	Conditionnel
je	cesserai	cesserais
tu	cesseras	cesserais
il	cessera	cesserait
nous	cesserons	cesserions
vous	cesserez	cesseriez
ils	cesseront	cesseraient

	Imparfait du subjonctif	Impératif
je	cessasse	
tu	cessasses	cesse
il	cessât	
nous	cessassions	cessons
vous	cessassiez	cessez
ils	cessassent	

Auxiliaire	Participe passé	Participe présent
avoir	cessé	cessant

CHANGER
to change
Spelling-change (G > GE) –*er* verb

	Présent	**Subjonctif**
je	change	change
tu	changes	changes
il	change	change
nous	changeons	changions
vous	changez	changiez
ils	changent	changent

	Imparfait	**Passé simple**
je	changeais	changeai
tu	changeais	changeas
il	changeait	changea
nous	changions	changeâmes
vous	changiez	changeâtes
ils	changeaient	changèrent

	Futur	**Conditionnel**
je	changerai	changerais
tu	changeras	changerais
il	changera	changerait
nous	changerons	changerions
vous	changerez	changeriez
ils	changeront	changeraient

	Imparfait du subjonctif	**Impératif**
je	changeasse	
tu	changeasses	change
il	changeât	
nous	changeassions	changeons
vous	changeassiez	changez
ils	changeassent	

Auxiliaire	**Participe passé**	**Participe présent**
avoir	changé	changeant

CHANTER
to stop, cease
Regular –er verb

	Présent	**Subjonctif**
je	chante	chante
tu	chantes	chantes
il	chante	chante
nous	chantons	chantions
vous	chantez	chantiez
ils	chantent	chantent

	Imparfait	**Passé simple**
je	chantais	chantai
tu	chantais	chantas
il	chantait	chanta
nous	chantions	chantâmes
vous	chantiez	chantâtes
ils	chantaient	chantèrent

	Futur	**Conditionnel**
je	chanterai	chanterais
tu	chanteras	chanterais
il	chantera	chanterait
nous	chanterons	chanterions
vous	chanterez	chanteriez
ils	chanteront	chanteraient

	Imparfait du subjonctif	**Impératif**
je	chantasse	
tu	chantasses	chante
il	chantât	
nous	chantassions	chantons
vous	chantassiez	chantez
ils	chantassent	

Auxiliaire	**Participe passé**	**Participe présent**
avoir	chanté	chantant

CHASSER
to hunt, chase
Regular –er verb

	Présent	**Subjonctif**
je	chasse	chasse
tu	chasses	chasses
il	chasse	chasse
nous	chassons	chassions
vous	chassez	chassiez
ils	chassent	chassent

	Imparfait	**Passé simple**
je	chassais	chassai
tu	chassais	chassas
il	chassait	chassa
nous	chassions	chassâmes
vous	chassiez	chassâtes
ils	chassaient	chassèrent

	Futur	**Conditionnel**
je	chasserai	chasserais
tu	chasseras	chasserais
il	chassera	chasserait
nous	chasserons	chasserions
vous	chasserez	chasseriez
ils	chasseront	chasseraient

	Imparfait du subjonctif	**Impératif**
je	chassasse	
tu	chassasses	chasse
il	chassât	
nous	chassassions	chassons
vous	chassassiez	chassez
ils	chassassent	

Auxiliaire	**Participe passé**	**Participe présent**
avoir	chassé	chassant

CHERCHER
to look for, search
Regular *–er* verb

	Présent	**Subjonctif**
je	cherche	cherche
tu	cherches	cherches
il	cherche	cherche
nous	cherchons	cherchions
vous	cherchez	cherchiez
ils	cherchent	cherchent

	Imparfait	**Passé simple**
je	cherchais	cherchai
tu	cherchais	cherchas
il	cherchait	chercha
nous	cherchions	cherchâmes
vous	cherchiez	cherchâtes
ils	cherchaient	cherchèrent

	Futur	**Conditionnel**
je	chercherai	chercherais
tu	chercheras	chercherais
il	cherchera	chercherait
nous	chercherons	chercherions
vous	chercherez	chercheriez
ils	chercheront	chercheraient

	Imparfait du subjonctif	**Impératif**
je	cherchasse	
tu	cherchasses	cherche
il	cherchât	
nous	cherchassions	cherchons
vous	cherchassiez	cherchez
ils	cherchassent	

Auxiliaire	**Participe passé**	**Participe présent**
avoir	cherché	cherchant

CHOISIR
to choose
Regular *–ir* verb

	Présent	**Subjonctif**
je	choisis	choisisse
tu	choisis	choisisses
il	choisit	choisisse
nous	choisissons	choisissions
vous	choisissez	choisissiez
ils	choisissent	choisissent

	Imparfait	**Passé simple**
je	choisissais	choisis
tu	choisissais	choisis
il	choisissait	choisit
nous	choisissions	choisîmes
vous	choisissiez	choisîtes
ils	choisissaient	choisirent

	Futur	**Conditionnel**
je	choisirai	choisirais
tu	choisiras	choisirais
il	choisira	choisirait
nous	choisirons	choisirions
vous	choisirez	choisiriez
ils	choisiront	choisiraient

	Imparfait du subjonctif	**Impératif**
je	choisisse	
tu	choisisses	choisis
il	choisît	
nous	choisissions	choisissons
vous	choisissiez	choisissez
ils	choisissent	

Auxiliaire	**Participe passé**	**Participe présent**
avoir	choisi	choisissant

COMMANDER
to order
Regular –er verb

	Présent	**Subjonctif**
je	commande	commande
tu	commandes	commandes
il	commande	commande
nous	commandons	commandions
vous	commandez	commandiez
ils	commandent	commandent

	Imparfait	**Passé simple**
je	commandais	commandai
tu	commandais	commandas
il	commandait	commanda
nous	commandions	commandâmes
vous	commandiez	commandâtes
ils	commandaient	commandèrent

	Futur	**Conditionnel**
je	commanderai	commanderais
tu	commanderas	commanderais
il	commandera	commanderait
nous	commanderons	commanderions
vous	commanderez	commanderiez
ils	commanderont	commanderaient

	Imparfait du subjonctif	**Impératif**
je	commandasse	
tu	commandasses	commande
il	commandât	
nous	commandassions	commandons
vous	commandassiez	commandez
ils	commandassent	

Auxiliaire	**Participe passé**	**Participe présent**
avoir	commandé	commandant

COMPARER
to compare
Regular –*er* verb

	Présent	**Subjonctif**
je	compare	compare
tu	compares	compares
il	compare	compare
nous	comparons	comparions
vous	comparez	compariez
ils	comparent	comparent

	Imparfait	**Passé simple**
je	comparais	comparai
tu	comparais	comparas
il	comparait	compara
nous	comparions	comparâmes
vous	compariez	comparâtes
ils	comparaient	comparèrent

	Futur	**Conditionnel**
je	comparerai	comparerais
tu	compareras	comparerais
il	comparera	comparerait
nous	comparerons	comparerions
vous	comparerez	compareriez
ils	compareront	compareraient

	Imparfait du subjonctif	**Impératif**
je	comparasse	
tu	comparasses	compare
il	comparât	
nous	comparassions	comparons
vous	comparassiez	comparez
ils	comparassent	

Auxiliaire	**Participe passé**	**Participe présent**
avoir	comparé	comparant

COMPRENDRE
to understand, comprehend
Irregular –re verb

	Présent	**Subjonctif**
je	comprends	comprenne
tu	comprends	comprennes
il	comprend	comprenne
nous	comprenons	comprenions
vous	comprenez	compreniez
ils	comprennent	comprennent

	Imparfait	**Passé simple**
je	comprenais	compris
tu	comprenais	compris
il	comprenait	comprit
nous	comprenions	comprîmes
vous	compreniez	comprîtes
ils	comprenaient	comprirent

	Futur	**Conditionnel**
je	comprendrai	comprendrais
tu	comprendras	comprendrais
il	comprendra	comprendrait
nous	comprendrons	comprendrions
vous	comprendrez	comprendriez
ils	comprendront	comprendraient

	Imparfait du subjonctif	**Impératif**
je	comprisse	
tu	comprisses	comprends
il	comprît	
nous	comprissions	comprenons
vous	comprissiez	comprenez
ils	comprissent	

Auxiliaire	**Participe passé**	**Participe présent**
avoir	compris	comprenant

CONCLURE
to conclude
Irregular –re verb

	Présent	**Subjonctif**
je	conclus	conclue
tu	conclus	conclues
il	conclut	conclue
nous	concluons	concluions
vous	concluez	concluiez
ils	concluent	concluent

	Imparfait	**Passé simple**
je	concluais	conclus
tu	concluais	conclus
il	concluait	conclut
nous	concluions	conclûmes
vous	concluiez	conclûtes
ils	concluaient	conclurent

	Futur	**Conditionnel**
je	conclurai	conclurais
tu	concluras	conclurais
il	conclura	conclurait
nous	conclurons	conclurions
vous	conclurez	concluriez
ils	concluront	concluraient

	Imparfait du subjonctif	**Impératif**
je	conclusse	
tu	conclusses	conclus
il	conclût	
nous	conclussions	concluons
vous	conclussiez	concluez
ils	conclussent	

Auxiliaire	**Participe passé**	**Participe présent**
avoir	conclu	concluant

CONDUIRE
to drive; to lead, conduct
Irregular –*re* verb

	Présent	**Subjonctif**
je	conduis	conduise
tu	conduis	conduises
il	conduit	conduise
nous	conduisons	conduisions
vous	conduisez	conduisiez
ils	conduisent	conduisent

	Imparfait	**Passé simple**
je	conduisais	conduisis
tu	conduisais	conduisis
il	conduisait	conduisit
nous	conduisions	conduisîmes
vous	conduisiez	conduisîtes
ils	conduisaient	conduisirent

	Futur	**Conditionnel**
je	conduirai	conduirais
tu	conduiras	conduirais
il	conduira	conduirait
nous	conduirons	conduirions
vous	conduirez	conduiriez
ils	conduiront	conduiraient

	Imparfait du subjonctif	**Impératif**
je	conduisisse	
tu	conduisisses	conduis
il	conduisît	
nous	conduisissions	conduisons
vous	conduisissiez	conduisez
ils	conduisissent	

Auxiliaire	**Participe passé**	**Participe présent**
avoir	conduit	conduisant

CONFIRE
to preserve, pickle
Irregular –re verb

	Présent	**Subjonctif**
je	confis	confise
tu	confis	confises
il	confit	confise
nous	confisons	confisions
vous	confisez	confisiez
ils	confisent	confisent

	Imparfait	**Passé simple**
je	confisais	confis
tu	confisais	confis
il	confisait	confit
nous	confisions	confîmes
vous	confisiez	confîtes
ils	confisaient	confirent

	Futur	**Conditionnel**
je	confirai	confirais
tu	confiras	confirais
il	confira	confirait
nous	confirons	confirions
vous	confirez	confiriez
ils	confiront	confiraient

	Imparfait du subjonctif	**Impératif**
je	confisse	
tu	confisses	confis
il	confît	
nous	confissions	confisons
vous	confissiez	confisez
ils	confissent	

Auxiliaire	**Participe passé**	**Participe présent**
avoir	confit	confisant

CONNAÎTRE
to know, be familiar with
Irregular –re verb

	Présent	**Subjonctif**
je	connais	connaisse
tu	connais	connaisses
il	connaît	connaisse
nous	connaissons	connaissions
vous	connaissez	connaissiez
ils	connaissent	connaissent

	Imparfait	**Passé simple**
je	connaissais	connus
tu	connaissais	connus
il	connaissait	connut
nous	connaissions	connûmes
vous	connaissiez	connûtes
ils	connaissaient	connurent

	Futur	**Conditionnel**
je	connaîtrai	connaîtrais
tu	connaîtras	connaîtrais
il	connaîtra	connaîtrait
nous	connaîtrons	connaîtrions
vous	connaîtrez	connaîtriez
ils	connaîtront	connaîtraient

	Imparfait du subjonctif	**Impératif**
je	connusse	
tu	connusses	connais
il	connût	
nous	connussions	connaissons
vous	connussiez	connaissez
ils	connussent	

Auxiliaire	**Participe passé**	**Participe présent**
avoir	connu	connaissant

CONSEILLER
to recommend, advise, counsel
Regular –er verb

	Présent	**Subjonctif**
je	conseille	conseille
tu	conseilles	conseilles
il	conseille	conseille
nous	conseillons	conseillions
vous	conseillez	conseilliez
ils	conseillent	conseillent

	Imparfait	**Passé simple**
je	conseillais	conseillai
tu	conseillais	conseillas
il	conseillait	conseilla
nous	conseillions	conseillâmes
vous	conseilliez	conseillâtes
ils	conseillaient	conseillèrent

	Futur	**Conditionnel**
je	conseillerai	conseillerais
tu	conseilleras	conseillerais
il	conseillera	conseillerait
nous	conseillerons	conseillerions
vous	conseillerez	conseilleriez
ils	conseilleront	conseilleraient

	Imparfait du subjonctif	**Impératif**
je	conseillasse	
tu	conseillasses	conseille
il	conseillât	
nous	conseillassions	conseillons
vous	conseillassiez	conseillez
ils	conseillassent	

Auxiliaire	**Participe passé**	**Participe présent**
avoir	conseillé	conseillant

CONSIDÉRER
to consider
Stem-changing (É > È) –er verb

	Présent	**Subjonctif**
je	considère	considère
tu	considères	considères
il	considère	considère
nous	considérons	considérions
vous	considérez	considériez
ils	considèrent	considèrent

	Imparfait	**Passé simple**
je	considérais	considérai
tu	considérais	considéras
il	considérait	considéra
nous	considérions	considérâmes
vous	considériez	considérâtes
ils	considéraient	considérèrent

	Futur	**Conditionnel**
je	considérerai	considérerais
tu	considéreras	considérerais
il	considérera	considérerait
nous	considérerons	considérerions
vous	considérerez	considéreriez
ils	considéreront	considéreraient

	Imparfait du subjonctif	**Impératif**
je	considérasse	
tu	considérasses	considère
il	considérât	
nous	considérassions	considérons
vous	considérassiez	considérez
ils	considérassent	

Auxiliaire	**Participe passé**	**Participe présent**
avoir	considéré	considérant

CONSTRUIRE
to build, construct
Irregular *–re* verb

	Présent	**Subjonctif**
je	construis	construise
tu	construis	construises
il	construit	construise
nous	construisons	construisions
vous	construisez	construisiez
ils	construisent	construisent

	Imparfait	**Passé simple**
je	construisais	construisis
tu	construisais	construisis
il	construisait	construisit
nous	construisions	construisîmes
vous	construisiez	construisîtes
ils	construisaient	construisirent

	Futur	**Conditionnel**
je	construirai	construirais
tu	construiras	construirais
il	construira	construirait
nous	construirons	construirions
vous	construirez	construiriez
ils	construiront	construiraient

	Imparfait du subjonctif	**Impératif**
je	construisisse	
tu	construisisses	construis
il	construisît	
nous	construisissions	construisons
vous	construisissiez	construisez
ils	construisissent	

Auxiliaire	**Participe passé**	**Participe présent**
avoir	construit	construisant

CONTENIR
to contain
Irregular –ir verb

	Présent	**Subjonctif**
je	contiens	contienne
tu	contiens	contiennes
il	contient	contienne
nous	contenons	contenions
vous	contenez	conteniez
ils	contiennent	contiennent

	Imparfait	**Passé simple**
je	contenais	contins
tu	contenais	contins
il	contenait	contint
nous	contenions	contînmes
vous	conteniez	contîntes
ils	contenaient	continrent

	Futur	**Conditionnel**
je	contiendrai	contiendrais
tu	contiendras	contiendrais
il	contiendra	contiendrait
nous	contiendrons	contiendrions
vous	contiendrez	contiendriez
ils	contiendront	contiendraient

	Imparfait du subjonctif	**Impératif**
je	continsse	
tu	continsses	contiens
il	contînt	
nous	continssions	contenons
vous	continssiez	contenez
ils	continssent	

Auxiliaire	**Participe passé**	**Participe présent**
avoir	contenu	contenant

CONTINUER
to continue
Regular –er verb

	Présent	**Subjonctif**
je	continue	continue
tu	continues	continues
il	continue	continue
nous	continuons	continuions
vous	continuez	continuiez
ils	continuent	continuent

	Imparfait	**Passé simple**
je	continuais	continuai
tu	continuais	continuas
il	continuait	continua
nous	continuions	continuâmes
vous	continuiez	continuâtes
ils	continuaient	continuèrent

	Futur	**Conditionnel**
je	continuerai	continuerais
tu	continueras	continuerais
il	continuera	continuerait
nous	continuerons	continuerions
vous	continuerez	continueriez
ils	continueront	continueraient

	Imparfait du subjonctif	**Impératif**
je	continuasse	
tu	continuasses	continue
il	continuât	
nous	continuassions	continuons
vous	continuassiez	continuez
ils	continuassent	

Auxiliaire	**Participe passé**	**Participe présent**
avoir	continué	continuant

CONVAINCRE
to convince
Irregular *-re* verb

	Présent	**Subjonctif**
je	convaincs	convainque
tu	convaincs	convainques
il	convainc	convainque
nous	convainquons	convainquions
vous	convainquez	convainquiez
ils	convainquent	convainquent

	Imparfait	**Passé simple**
je	convainquais	convainquis
tu	convainquais	convainquis
il	convainquait	convainquit
nous	convainquions	convainquîmes
vous	convainquiez	convainquîtes
ils	convainquaient	convainquirent

	Futur	**Conditionnel**
je	convaincrai	convaincrais
tu	convaincras	convaincrais
il	convaincra	convaincrait
nous	convaincrons	convaincrions
vous	convaincrez	convaincriez
ils	convaincront	convaincraient

	Imparfait du subjonctif	**Impératif**
je	convainquisse	
tu	convainquisses	convaincs
il	convainquît	
nous	convainquissions	convainquons
vous	convainquissiez	convainquez
ils	convainquissent	

Auxiliaire	**Participe passé**	**Participe présent**
avoir	convaincu	convainquant

CORRIGER
to correct
Spelling-change (G > GE) –er verb

	Présent	**Subjonctif**
je	corrige	corrige
tu	corriges	corriges
il	corrige	corrige
nous	corrigeons	corrigions
vous	corrigez	corrigiez
ils	corrigent	corrigent

	Imparfait	**Passé simple**
je	corrigeais	corrigeai
tu	corrigeais	corrigeas
il	corrigeait	corrigea
nous	corrigions	corrigeâmes
vous	corrigiez	corrigeâtes
ils	corrigeaient	corrigèrent

	Futur	**Conditionnel**
je	corrigerai	corrigerais
tu	corrigeras	corrigerais
il	corrigera	corrigerait
nous	corrigerons	corrigerions
vous	corrigerez	corrigeriez
ils	corrigeront	corrigeraient

	Imparfait du subjonctif	**Impératif**
je	corrigeasse	
tu	corrigeasses	corrige
il	corrigeât	
nous	corrigeassions	corrigeons
vous	corrigeassiez	corrigez
ils	corrigeassent	

Auxiliaire	**Participe passé**	**Participe présent**
avoir	corrigé	corrigeant

COUCHER
to sleep; to put to bed
Regular –er verb
se coucher: to go to bed, lie down

	Présent	**Subjonctif**
je	couche	couche
tu	couches	couches
il	couche	couche
nous	couchons	couchions
vous	couchez	couchiez
ils	couchent	couchent

	Imparfait	**Passé simple**
je	couchais	couchai
tu	couchais	couchas
il	couchait	coucha
nous	couchions	couchâmes
vous	couchiez	couchâtes
ils	couchaient	couchèrent

	Futur	**Conditionnel**
je	coucherai	coucherais
tu	coucheras	coucherais
il	couchera	coucherait
nous	coucherons	coucherions
vous	coucherez	coucheriez
ils	coucheront	coucheraient

	Imparfait du subjonctif	**Impératif**
je	couchasse	
tu	couchasses	couche
il	couchât	
nous	couchassions	couchons
vous	couchassiez	couchez
ils	couchassent	

Auxiliaire	**Participe passé**	**Participe présent**
avoir	couché	couchant

COUDRE
to sew
Irregular *–re* verb

	Présent	**Subjonctif**
je	couds	couse
tu	couds	couses
il	coud	couse
nous	cousons	cousions
vous	cousez	cousiez
ils	cousent	cousent

	Imparfait	**Passé simple**
je	cousais	cousis
tu	cousais	cousis
il	cousait	cousit
nous	cousions	cousîmes
vous	cousiez	cousîtes
ils	cousaient	cousirent

	Futur	**Conditionnel**
je	coudrai	coudrais
tu	coudras	coudrais
il	coudra	coudrait
nous	coudrons	coudrions
vous	coudrez	coudriez
ils	coudront	coudraient

	Imparfait du subjonctif	**Impératif**
je	cousisse	
tu	cousisses	couds
il	cousît	
nous	cousissions	cousons
vous	cousissiez	cousez
ils	cousissent	

Auxiliaire	**Participe passé**	**Participe présent**
avoir	cousu	cousant

COUPER
to cut
Regular –er verb

	Présent	**Subjonctif**
je	coupe	coupe
tu	coupes	coupes
il	coupe	coupe
nous	coupons	coupions
vous	coupez	coupiez
ils	coupent	coupent

	Imparfait	**Passé simple**
je	coupais	coupai
tu	coupais	coupas
il	coupait	coupa
nous	coupions	coupâmes
vous	coupiez	coupâtes
ils	coupaient	coupèrent

	Futur	**Conditionnel**
je	couperai	couperais
tu	couperas	couperais
il	coupera	couperait
nous	couperons	couperions
vous	couperez	couperiez
ils	couperont	couperaient

	Imparfait du subjonctif	**Impératif**
je	coupasse	
tu	coupasses	coupe
il	coupât	
nous	coupassions	coupons
vous	coupassiez	coupez
ils	coupassent	

Auxiliaire	**Participe passé**	**Participe présent**
avoir	coupé	coupant

COURIR
to run
Irregular –*ir* verb

	Présent	**Subjonctif**
je	cours	coure
tu	cours	coures
il	court	coure
nous	courons	courions
vous	courez	couriez
ils	courent	courent

	Imparfait	**Passé simple**
je	courais	courus
tu	courais	courus
il	courait	courut
nous	courions	courûmes
vous	couriez	courûtes
ils	couraient	coururent

	Futur	**Conditionnel**
je	courrai	courrais
tu	courras	courrais
il	courra	courrait
nous	courrons	courrions
vous	courrez	courriez
ils	courront	courraient

	Imparfait du subjonctif	**Impératif**
je	courusse	
tu	courusses	cours
il	courût	
nous	courussions	courons
vous	courussiez	courez
ils	courussent	

Auxiliaire	**Participe passé**	**Participe présent**
avoir	couru	courant

COÛTER
to cost
Regular –er verb

	Présent	**Subjonctif**
je	coûte	coûte
tu	coûtes	coûtes
il	coûte	coûte
nous	coûtons	coûtions
vous	coûtez	coûtiez
ils	coûtent	coûtent

	Imparfait	**Passé simple**
je	coûtais	coûtai
tu	coûtais	coûtas
il	coûtait	coûta
nous	coûtions	coûtâmes
vous	coûtiez	coûtâtes
ils	coûtaient	coûtèrent

	Futur	**Conditionnel**
je	coûterai	coûterais
tu	coûteras	coûterais
il	coûtera	coûterait
nous	coûterons	coûterions
vous	coûterez	coûteriez
ils	coûteront	coûteraient

	Imparfait du subjonctif	**Impératif**
je	coûtasse	
tu	coûtasses	coûte
il	coûtât	
nous	coûtassions	coûtons
vous	coûtassiez	coûtez
ils	coûtassent	

Auxiliaire	**Participe passé**	**Participe présent**
avoir	coûté	coûtant

COUVRIR
to cover
Irregular –ir verb

	Présent	**Subjonctif**
je	couvre	couvre
tu	couvres	couvres
il	couvre	couvre
nous	couvrons	couvrions
vous	couvrez	couvriez
ils	couvrent	couvrent

	Imparfait	**Passé simple**
je	couvrais	couvris
tu	couvrais	couvris
il	couvrait	couvrit
nous	couvrions	couvrîmes
vous	couvriez	couvrîtes
ils	couvraient	couvrirent

	Futur	**Conditionnel**
je	couvrirai	couvrirais
tu	couvriras	couvrirais
il	couvrira	couvrirait
nous	couvrirons	couvririons
vous	couvrirez	couvririez
ils	couvriront	couvriraient

	Imparfait du subjonctif	**Impératif**
je	couvrisse	
tu	couvrisses	couvre
il	couvrît	
nous	couvrissions	couvrons
vous	couvrissiez	couvrez
ils	couvrissent	

Auxiliaire	**Participe passé**	**Participe présent**
avoir	couvert	couvrant

CRAINDRE
to fear
Irregular –re verb

	Présent	**Subjonctif**
je	crains	craigne
tu	crains	craignes
il	craint	craigne
nous	craignons	craignions
vous	craignez	craigniez
ils	craignent	craignent

	Imparfait	**Passé simple**
je	craignais	craignis
tu	craignais	craignis
il	craignait	craignit
nous	craignions	craignîmes
vous	craigniez	craignîtes
ils	craignaient	craignirent

	Futur	**Conditionnel**
je	craindrai	craindrais
tu	craindras	craindrais
il	craindra	craindrait
nous	craindrons	craindrions
vous	craindrez	craindriez
ils	craindront	craindraient

	Imparfait du subjonctif	**Impératif**
je	craignisse	
tu	craignisses	crains
il	craignît	
nous	craignissions	craignons
vous	craignissiez	craignez
ils	craignissent	

Auxiliaire	**Participe passé**	**Participe présent**
avoir	craint	craignant

CRÉER
to create
Regular –er verb

	Présent	**Subjonctif**
je	crée	crée
tu	crées	crées
il	crée	crée
nous	créons	créions
vous	créez	créiez
ils	créent	créent

	Imparfait	**Passé simple**
je	créais	créai
tu	créais	créas
il	créait	créa
nous	créions	créâmes
vous	créiez	créâtes
ils	créaient	créèrent

	Futur	**Conditionnel**
je	créerai	créerais
tu	créeras	créerais
il	créera	créerait
nous	créerons	créerions
vous	créerez	créeriez
ils	créeront	créeraient

	Imparfait du subjonctif	**Impératif**
je	créasse	
tu	créasses	crée
il	créât	
nous	créassions	créons
vous	créassiez	créez
ils	créassent	

Auxiliaire	**Participe passé**	**Participe présent**
avoir	créé	créant

CROIRE
to believe
Irregular –re verb

	Présent	**Subjonctif**
je	crois	croie
tu	crois	croies
il	croit	croie
nous	croyons	croyions
vous	croyez	croyiez
ils	croient	croient

	Imparfait	**Passé simple**
je	croyais	crus
tu	croyais	crus
il	croyait	crut
nous	croyions	crûmes
vous	croyiez	crûtes
ils	croyaient	crurent

	Futur	**Conditionnel**
je	croirai	croirais
tu	croiras	croirais
il	croira	croirait
nous	croirons	croirions
vous	croirez	croiriez
ils	croiront	croiraient

	Imparfait du subjonctif	**Impératif**
je	crusse	
tu	crusses	crois
il	crût	
nous	crussions	croyons
vous	crussiez	croyez
ils	crussent	

Auxiliaire	**Participe passé**	**Participe présent**
avoir	cru	croyant

CROÎTRE
to grow
Irregular –re verb

	Présent	**Subjonctif**
je	croîs	croisse
tu	croîs	croisses
il	croît	croisse
nous	croissons	croissions
vous	croissez	croissiez
ils	croissent	croissent

	Imparfait	**Passé simple**
je	croissais	crûs
tu	croissais	crûs
il	croissait	crût
nous	croissions	crûmes
vous	croissiez	crûtes
ils	croissaient	crûrent

	Futur	**Conditionnel**
je	croîtrai	croîtrais
tu	croîtras	croîtrais
il	croîtra	croîtrait
nous	croîtrons	croîtrions
vous	croîtrez	croîtriez
ils	croîtront	croîtraient

	Imparfait du subjonctif	**Impératif**
je	crûsse	
tu	crûsses	croîs
il	crût	
nous	crûssions	
vous	crûssiez	croissons
ils	crûssent	croissez

Auxiliaire	**Participe passé**	**Participe présent**
avoir	crû	croissant

CUEILLIR
to gather, pick
Irregular –ir verb

	Présent	**Subjonctif**
je	cueille	cueille
tu	cueilles	cueilles
il	cueille	cueille
nous	cueillons	cueillions
vous	cueillez	cueilliez
ils	cueillent	cueillent

	Imparfait	**Passé simple**
je	cueillais	cueillis
tu	cueillais	cueillis
il	cueillait	cueillit
nous	cueillions	cueillîmes
vous	cueilliez	cueillîtes
ils	cueillaient	cueillirent

	Futur	**Conditionnel**
je	cueillerai	cueillerais
tu	cueilleras	cueillerais
il	cueillera	cueillerait
nous	cueillerons	cueillerions
vous	cueillerez	cueilleriez
ils	cueilleront	cueilleraient

	Imparfait du subjonctif	**Impératif**
je	cueillisse	
tu	cueillisses	cueille
il	cueillît	
nous	cueillissions	cueillons
vous	cueillissiez	cueillez
ils	cueillissent	

Auxiliaire	**Participe passé**	**Participe présent**
avoir	cueilli	cueillant

CUIRE
to cook
Irregular –re verb

	Présent	**Subjonctif**
je	cuis	cuise
tu	cuis	cuises
il	cuit	cuise
nous	cuisons	cuisions
vous	cuisez	cuisiez
ils	cuisent	cuisent

	Imparfait	**Passé simple**
je	cuisais	cuisis
tu	cuisais	cuisis
il	cuisait	cuisit
nous	cuisions	cuisîmes
vous	cuisiez	cuisîtes
ils	cuisaient	cuisirent

	Futur	**Conditionnel**
je	cuirai	cuirais
tu	cuiras	cuirais
il	cuira	cuirait
nous	cuirons	cuirions
vous	cuirez	cuiriez
ils	cuiront	cuiraient

	Imparfait du subjonctif	**Impératif**
je	cuisisse	
tu	cuisisses	cuis
il	cuisît	
nous	cuisissions	cuisons
vous	cuisissiez	cuisez
ils	cuisissent	

Auxiliaire	**Participe passé**	**Participe présent**
avoir	cuit	cuisant

DANSER
to dance
Regular –er verb

	Présent	**Subjonctif**
je	danse	danse
tu	danses	danses
il	danse	danse
nous	dansons	dansions
vous	dansez	dansiez
ils	dansent	dansent

	Imparfait	**Passé simple**
je	dansais	dansai
tu	dansais	dansas
il	dansait	dansa
nous	dansions	dansâmes
vous	dansiez	dansâtes
ils	dansaient	dansèrent

	Futur	**Conditionnel**
je	danserai	danserais
tu	danseras	danserais
il	dansera	danserait
nous	danserons	danserions
vous	danserez	danseriez
ils	danseront	danseraient

	Imparfait du subjonctif	**Impératif**
je	dansasse	
tu	dansasses	danse
il	dansât	
nous	dansassions	dansons
vous	dansassiez	dansez
ils	dansassent	

Auxiliaire	**Participe passé**	**Participe présent**
avoir	dansé	dansant

DÉCEVOIR
to disappoint
Irregular –ir verb

	Présent	**Subjonctif**
je	déçois	déçoive
tu	déçois	déçoives
il	déçoit	déçoive
nous	décevons	décevions
vous	décevez	déceviez
ils	déçoivent	déçoivent

	Imparfait	**Passé simple**
je	décevais	déçus
tu	décevais	déçus
il	décevait	déçut
nous	décevions	déçûmes
vous	déceviez	déçûtes
ils	décevaient	déçurent

	Futur	**Conditionnel**
je	décevrai	décevrais
tu	décevras	décevrais
il	décevra	décevrait
nous	décevrons	décevrions
vous	décevrez	décevriez
ils	décevront	décevraient

	Imparfait du subjonctif	**Impératif**
je	déçusse	
tu	déçusses	déçois
il	déçût	
nous	déçussions	décevons
vous	déçussiez	décevez
ils	déçussent	

Auxiliaire	**Participe passé**	**Participe présent**
avoir	déçu	décevant

DÉCIDER
to decide
Regular –er verb

	Présent	**Subjonctif**
je	décide	décide
tu	décides	décides
il	décide	décide
nous	décidons	décidions
vous	décidez	décidiez
ils	décident	décident

	Imparfait	**Passé simple**
je	décidais	décidai
tu	décidais	décidas
il	décidait	décida
nous	décidions	décidâmes
vous	décidiez	décidâtes
ils	décidaient	décidèrent

	Futur	**Conditionnel**
je	déciderai	déciderais
tu	décideras	déciderais
il	décidera	déciderait
nous	déciderons	déciderions
vous	déciderez	décideriez
ils	décideront	décideraient

	Imparfait du subjonctif	**Impératif**
je	décidasse	
tu	décidasses	décide
il	décidât	
nous	décidassions	décidons
vous	décidassiez	décidez
ils	décidassent	

Auxiliaire	**Participe passé**	**Participe présent**
avoir	décidé	décidant

DÉCOUVRIR
to discover
Irregular –*ir* verb

	Présent	**Subjonctif**
je	découvre	découvre
tu	découvres	découvres
il	découvre	découvre
nous	découvrons	découvrions
vous	découvrez	découvriez
ils	découvrent	découvrent

	Imparfait	**Passé simple**
je	découvrais	découvris
tu	découvrais	découvris
il	découvrait	découvrit
nous	découvrions	découvrîmes
vous	découvriez	découvrîtes
ils	découvraient	découvrirent

	Futur	**Conditionnel**
je	découvrirai	découvrirais
tu	découvriras	découvrirais
il	découvrira	découvrirait
nous	découvrirons	découvririons
vous	découvrirez	découvririez
ils	découvriront	découvriraient

	Imparfait du subjonctif	**Impératif**
je	découvrisse	
tu	découvrisses	découvre
il	découvrît	
nous	découvrissions	découvrons
vous	découvrissiez	découvrez
ils	découvrissent	

Auxiliaire	**Participe passé**	**Participe présent**
avoir	découvert	découvrant

DÉCRIRE
to describe
Irregular –re verb

	Présent	**Subjonctif**
je	décris	décrive
tu	décris	décrives
il	décrit	décrive
nous	décrivons	décrivions
vous	décrivez	décriviez
ils	décrivent	décrivent

	Imparfait	**Passé simple**
je	décrivais	décrivis
tu	décrivais	décrivis
il	décrivait	décrivit
nous	décrivions	décrivîmes
vous	décriviez	décrivîtes
ils	décrivaient	décrivirent

	Futur	**Conditionnel**
je	décrirai	décrirais
tu	décriras	décrirais
il	décrira	décrirait
nous	décrirons	décririons
vous	décrirez	décririez
ils	décriront	décriraient

	Imparfait du subjonctif	**Impératif**
je	décrivisse	
tu	décrivisses	décris
il	décrivît	
nous	décrivissions	décrivons
vous	décrivissiez	décrivez
ils	décrivissent	

Auxiliaire	**Participe passé**	**Participe présent**
avoir	décrit	décrivant

DEMANDER
to ask, request
Regular *-er* verb
se demander: to wonder

	Présent	**Subjonctif**
je	demande	demande
tu	demandes	demandes
il	demande	demande
nous	demandons	demandions
vous	demandez	demandiez
ils	demandent	demandent

	Imparfait	**Passé simple**
je	demandais	demandai
tu	demandais	demandas
il	demandait	demanda
nous	demandions	demandâmes
vous	demandiez	demandâtes
ils	demandaient	demandèrent

	Futur	**Conditionnel**
je	demanderai	demanderais
tu	demanderas	demanderais
il	demandera	demanderait
nous	demanderons	demanderions
vous	demanderez	demanderiez
ils	demanderont	demanderaient

	Imparfait du subjonctif	**Impératif**
je	demandasse	
tu	demandasses	demande
il	demandât	
nous	demandassions	demandons
vous	demandassiez	demandez
ils	demandassent	

Auxiliaire	**Participe passé**	**Participe présent**
avoir	demandé	demandant

DEMEURER
to live, stay
Regular –er verb

	Présent	**Subjonctif**
je	demeure	demeure
tu	demeures	demeures
il	demeure	demeure
nous	demeurons	demeurions
vous	demeurez	demeuriez
ils	demeurent	demeurent

	Imparfait	**Passé simple**
je	demeurais	demeurai
tu	demeurais	demeuras
il	demeurait	demeura
nous	demeurions	demeurâmes
vous	demeuriez	demeurâtes
ils	demeuraient	demeurèrent

	Futur	**Conditionnel**
je	demeurerai	demeurerais
tu	demeureras	demeurerais
il	demeurera	demeurerait
nous	demeurerons	demeurerions
vous	demeurerez	demeureriez
ils	demeureront	demeureraient

	Imparfait du subjonctif	**Impératif**
je	demeurasse	
tu	demeurasses	demeure
il	demeurât	
nous	demeurassions	demeurons
vous	demeurassiez	demeurez
ils	demeurassent	

Auxiliaire	**Participe passé**	**Participe présent**
avoir	demeuré	demeurant

DÉPÊCHER
to dispatch, send
Regular –er verb
se dépêcher: to hurry

	Présent	**Subjonctif**
je	dépêche	dépêche
tu	dépêches	dépêches
il	dépêche	dépêche
nous	dépêchons	dépêchions
vous	dépêchez	dépêchiez
ils	dépêchent	dépêchent

	Imparfait	**Passé simple**
je	dépêchais	dépêchai
tu	dépêchais	dépêchas
il	dépêchait	dépêcha
nous	dépêchions	dépêchâmes
vous	dépêchiez	dépêchâtes
ils	dépêchaient	dépêchèrent

	Futur	**Conditionnel**
je	dépêcherai	dépêcherais
tu	dépêcheras	dépêcherais
il	dépêchera	dépêcherait
nous	dépêcherons	dépêcherions
vous	dépêcherez	dépêcheriez
ils	dépêcheront	dépêcheraient

	Imparfait du subjonctif	**Impératif**
je	dépêchasse	
tu	dépêchasses	dépêche
il	dépêchât	
nous	dépêchassions	dépêchons
vous	dépêchassiez	dépêchez
ils	dépêchassent	

Auxiliaire	**Participe passé**	**Participe présent**
avoir	dépêché	dépêchant

DÉPENSER
to spend
Regular –er verb

	Présent	**Subjonctif**
je	dépense	dépense
tu	dépenses	dépenses
il	dépense	dépense
nous	dépensons	dépensions
vous	dépensez	dépensiez
ils	dépensent	dépensent

	Imparfait	**Passé simple**
je	dépensais	dépensai
tu	dépensais	dépensas
il	dépensait	dépensa
nous	dépensions	dépensâmes
vous	dépensiez	dépensâtes
ils	dépensaient	dépensèrent

	Futur	**Conditionnel**
je	dépenserai	dépenserais
tu	dépenseras	dépenserais
il	dépensera	dépenserait
nous	dépenserons	dépenserions
vous	dépenserez	dépenseriez
ils	dépenseront	dépenseraient

	Imparfait du subjonctif	**Impératif**
je	dépensasse	
tu	dépensasses	dépense
il	dépensât	
nous	dépensassions	dépensons
vous	dépensassiez	dépensez
ils	dépensassent	

Auxiliaire	**Participe passé**	**Participe présent**
avoir	dépensé	dépensant

DÉRANGER
to disturb, bother
Spelling-change (G > GE) –er verb

	Présent	**Subjonctif**
je	dérange	dérange
tu	déranges	déranges
il	dérange	dérange
nous	dérangeons	dérangions
vous	dérangez	dérangiez
ils	dérangent	dérangent

	Imparfait	**Passé simple**
je	dérangeais	dérangeai
tu	dérangeais	dérangeas
il	dérangeait	dérangea
nous	dérangions	dérangeâmes
vous	dérangiez	dérangeâtes
ils	dérangeaient	dérangèrent

	Futur	**Conditionnel**
je	dérangerai	dérangerais
tu	dérangeras	dérangerais
il	dérangera	dérangerait
nous	dérangerons	dérangerions
vous	dérangerez	dérangeriez
ils	dérangeront	dérangeraient

	Imparfait du subjonctif	**Impératif**
je	dérangeasse	
tu	dérangeasses	dérange
il	dérangeât	
nous	dérangeassions	dérangeons
vous	dérangeassiez	dérangez
ils	dérangeassent	

Auxiliaire	**Participe passé**	**Participe présent**
avoir	dérangé	dérangeant

DESCENDRE
to go down, descend
Regular –re verb

	Présent	**Subjonctif**
je	descends	descende
tu	descends	descendes
il	descend	descende
nous	descendons	descendions
vous	descendez	descendiez
ils	descendent	descendent

	Imparfait	**Passé simple**
je	descendais	descendis
tu	descendais	descendis
il	descendait	descendit
nous	descendions	descendîmes
vous	descendiez	descendîtes
ils	descendaient	descendirent

	Futur	**Conditionnel**
je	descendrai	descendrais
tu	descendras	descendrais
il	descendra	descendrait
nous	descendrons	descendrions
vous	descendrez	descendriez
ils	descendront	descendraient

	Imparfait du subjonctif	**Impératif**
je	descendisse	
tu	descendisses	descends
il	descendît	
nous	descendissions	descendons
vous	descendissiez	descendez
ils	descendissent	

Auxiliaire	**Participe passé**	**Participe présent**
être	descendu	descendant

DÉTESTER
to hate, detest
Regular −er verb

	Présent	**Subjonctif**
je	déteste	déteste
tu	détestes	détestes
il	déteste	déteste
nous	détestons	détestions
vous	détestez	détestiez
ils	détestent	détestent

	Imparfait	**Passé simple**
je	détestais	détestai
tu	détestais	détestas
il	détestait	détesta
nous	détestions	détestâmes
vous	détestiez	détestâtes
ils	détestaient	détestèrent

	Futur	**Conditionnel**
je	détesterai	détesterais
tu	détesteras	détesterais
il	détestera	détesterait
nous	détesterons	détesterions
vous	détesterez	détesteriez
ils	détesteront	détesteraient

	Imparfait du subjonctif	**Impératif**
je	détestasse	
tu	détestasses	déteste
il	détestât	
nous	détestassions	détestons
vous	détestassiez	détestez
ils	détestassent	

Auxiliaire	**Participe passé**	**Participe présent**
avoir	détesté	détestant

DEVENIR
to become
Irregular *–ir* verb

	Présent	**Subjonctif**
je	deviens	devienne
tu	deviens	deviennes
il	devient	devienne
nous	devenons	devenions
vous	devenez	deveniez
ils	deviennent	deviennent

	Imparfait	**Passé simple**
je	devenais	devins
tu	devenais	devins
il	devenait	devint
nous	devenions	devînmes
vous	deveniez	devîntes
ils	devenaient	devinrent

	Futur	**Conditionnel**
je	deviendrai	deviendrais
tu	deviendras	deviendrais
il	deviendra	deviendrait
nous	deviendrons	deviendrions
vous	deviendrez	deviendriez
ils	deviendront	deviendraient

	Imparfait du subjonctif	**Impératif**
je	devinsse	
tu	devinsses	deviens
il	devînt	
nous	devinssions	devenons
vous	devinssiez	devenez
ils	devinssent	

Auxiliaire	**Participe passé**	**Participe présent**
être	devenu	devenant

DEVOIR
should, must, to have to
Irregular –*ir* verb

	Présent	**Subjonctif**
je	dois	doive
tu	dois	doives
il	doit	doive
nous	devons	devions
vous	devez	deviez
ils	doivent	doivent

	Imparfait	**Passé simple**
je	devais	dus
tu	devais	dus
il	devait	dut
nous	devions	dûmes
vous	deviez	dûtes
ils	devaient	durent

	Futur	**Conditionnel**
je	devrai	devrais
tu	devras	devrais
il	devra	devrait
nous	devrons	devrions
vous	devrez	devriez
ils	devront	devraient

	Imparfait du subjonctif	**Impératif**
je	dusse	
tu	dusses	dois
il	dût	
nous	dussions	devons
vous	dussiez	devez
ils	dussent	

Auxiliaire	**Participe passé**	**Participe présent**
avoir	dû	devant

DIRE
to say, tell
Irregular –re verb

	Présent	**Subjonctif**
je	dis	dise
tu	dis	dises
il	dit	dise
nous	disons	disions
vous	dites	disiez
ils	disent	disent

	Imparfait	**Passé simple**
je	disais	dis
tu	disais	dis
il	disait	dit
nous	disions	dîmes
vous	disiez	dîtes
ils	disaient	dirent

	Futur	**Conditionnel**
je	dirai	dirais
tu	diras	dirais
il	dira	dirait
nous	dirons	dirions
vous	direz	diriez
ils	diront	diraient

	Imparfait du subjonctif	**Impératif**
je	disse	
tu	disses	dis
il	dît	
nous	dissions	disons
vous	dissiez	dites
ils	dissent	

Auxiliaire	**Participe passé**	**Participe présent**
avoir	dit	disant

DIRIGER
to direct
Spelling-change (G > GE) –er verb

	Présent	**Subjonctif**
je	dirige	dirige
tu	diriges	diriges
il	dirige	dirige
nous	dirigeons	dirigions
vous	dirigez	dirigiez
ils	dirigent	dirigent

	Imparfait	**Passé simple**
je	dirigeais	dirigeai
tu	dirigeais	dirigeas
il	dirigeait	dirigea
nous	dirigions	dirigeâmes
vous	dirigiez	dirigeâtes
ils	dirigeaient	dirigèrent

	Futur	**Conditionnel**
je	dirigerai	dirigerais
tu	dirigeras	dirigerais
il	dirigera	dirigerait
nous	dirigerons	dirigerions
vous	dirigerez	dirigeriez
ils	dirigeront	dirigeraient

	Imparfait du subjonctif	**Impératif**
je	dirigeasse	
tu	dirigeasses	dirige
il	dirigeât	
nous	dirigeassions	dirigeons
vous	dirigeassiez	dirigez
ils	dirigeassent	

Auxiliaire	**Participe passé**	**Participe présent**
avoir	dirigé	dirigeant

DISCUTER
to discuss
Regular –er verb

	Présent	Subjonctif
je	discute	discute
tu	discutes	discutes
il	discute	discute
nous	discutons	discutions
vous	discutez	discutiez
ils	discutent	discutent

	Imparfait	Passé simple
je	discutais	discutai
tu	discutais	discutas
il	discutait	discuta
nous	discutions	discutâmes
vous	discutiez	discutâtes
ils	discutaient	discutèrent

	Futur	Conditionnel
je	discuterai	discuterais
tu	discuteras	discuterais
il	discutera	discuterait
nous	discuterons	discuterions
vous	discuterez	discuteriez
ils	discuteront	discuteraient

	Imparfait du subjonctif	Impératif
je	discutasse	
tu	discutasses	discute
il	discutât	
nous	discutassions	discutons
vous	discutassiez	discutez
ils	discutassent	

Auxiliaire	Participe passé	Participe présent
avoir	discuté	discutant

DISTRAIRE
to distract; to amuse, entertain
Irregular –re verb

	Présent	**Subjonctif**
je	distrais	distraie
tu	distrais	distraies
il	distrait	distraie
nous	distrayons	distraiions
vous	distrayez	distrayiez
ils	distraient	distraient

	Imparfait	**Passé simple**
je	distrayais	n/a
tu	distrayais	
il	distrayait	
nous	distrayions	
vous	distrayiez	
ils	distrayaient	

	Futur	**Conditionnel**
je	distrairai	distrairais
tu	distrairas	distrairais
il	distraira	distrairait
nous	distrairons	distrairions
vous	distrairez	distrairiez
ils	distrairont	distrairaient

	Imparfait du subjonctif	**Impératif**
je	–	
tu	–	distrais
il	–	
nous	–	distrayons
vous	–	distrayez
ils	–	

Auxiliaire	**Participe passé**	**Participe présent**
avoir	distrait	distrayant

DONNER
to give
Regular –er verb

	Présent	**Subjonctif**
je	donne	donne
tu	donnes	donnes
il	donne	donne
nous	donnons	donnions
vous	donnez	donniez
ils	donnent	donnent

	Imparfait	**Passé simple**
je	donnais	donnai
tu	donnais	donnas
il	donnait	donna
nous	donnions	donnâmes
vous	donniez	donnâtes
ils	donnaient	donnèrent

	Futur	**Conditionnel**
je	donnerai	donnerais
tu	donneras	donnerais
il	donnera	donnerait
nous	donnerons	donnerions
vous	donnerez	donneriez
ils	donneront	donneraient

	Imparfait du subjonctif	**Impératif**
je	donnasse	
tu	donnasses	donne
il	donnât	
nous	donnassions	donnons
vous	donnassiez	donnez
ils	donnassent	

Auxiliaire	**Participe passé**	**Participe présent**
avoir	donné	donnant

DORMIR
to sleep
Irregular –*ir* verb

	Présent	**Subjonctif**
je	dors	dorme
tu	dors	dormes
il	dort	dorme
nous	dormons	dormions
vous	dormez	dormiez
ils	dorment	dorment

	Imparfait	**Passé simple**
je	dormais	dormis
tu	dormais	dormis
il	dormait	dormit
nous	dormions	dormîmes
vous	dormiez	dormîtes
ils	dormaient	dormirent

	Futur	**Conditionnel**
je	dormirai	dormirais
tu	dormiras	dormirais
il	dormira	dormirait
nous	dormirons	dormirions
vous	dormirez	dormiriez
ils	dormiront	dormiraient

	Imparfait du subjonctif	**Impératif**
je	dormisse	
tu	dormisses	dors
il	dormît	
nous	dormissions	dormons
vous	dormissiez	dormez
ils	dormissent	

Auxiliaire	**Participe passé**	**Participe présent**
avoir	dormi	dormant

DOUTER
to doubt
Regular –er verb
se douter: to suspect

	Présent	**Subjonctif**
je	doute	doute
tu	doutes	doutes
il	doute	doute
nous	doutons	doutions
vous	doutez	doutiez
ils	doutent	doutent

	Imparfait	**Passé simple**
je	doutais	doutai
tu	doutais	doutas
il	doutait	douta
nous	doutions	doutâmes
vous	doutiez	doutâtes
ils	doutaient	doutèrent

	Futur	**Conditionnel**
je	douterai	douterais
tu	douteras	douterais
il	doutera	douterait
nous	douterons	douterions
vous	douterez	douteriez
ils	douteront	douteraient

	Imparfait du subjonctif	**Impératif**
je	doutasse	
tu	doutasses	doute
il	doutât	
nous	doutassions	doutons
vous	doutassiez	doutez
ils	doutassent	

Auxiliaire	**Participe passé**	**Participe présent**
avoir	douté	doutant

ÉCOUTER
to listen to
Regular –er verb

	Présent	**Subjonctif**
j'	écoute	écoute
tu	écoutes	écoutes
il	écoute	écoute
nous	écoutons	écoutions
vous	écoutez	écoutiez
ils	écoutent	écoutent

	Imparfait	**Passé simple**
j'	écoutais	écoutai
tu	écoutais	écoutas
il	écoutait	écouta
nous	écoutions	écoutâmes
vous	écoutiez	écoutâtes
ils	écoutaient	écoutèrent

	Futur	**Conditionnel**
j'	écouterai	écouterais
tu	écouteras	écouterais
il	écoutera	écouterait
nous	écouterons	écouterions
vous	écouterez	écouteriez
ils	écouteront	écouteraient

	Imparfait du subjonctif	**Impératif**
j'	écoutasse	
tu	écoutasses	écoute
il	écoutât	
nous	écoutassions	écoutons
vous	écoutassiez	écoutez
ils	écoutassent	

Auxiliaire	**Participe passé**	**Participe présent**
avoir	écouté	écoutant

ÉCRIRE
to write
Irregular *–re* verb

	Présent	**Subjonctif**
j'	écris	écrive
tu	écris	écrives
il	écrit	écrive
nous	écrivons	écrivions
vous	écrivez	écriviez
ils	écrivent	écrivent

	Imparfait	**Passé simple**
j'	écrivais	écrivis
tu	écrivais	écrivis
il	écrivait	écrivit
nous	écrivions	écrivîmes
vous	écriviez	écrivîtes
ils	écrivaient	écrivirent

	Futur	**Conditionnel**
j'	écrirai	écrirais
tu	écriras	écrirais
il	écrira	écrirait
nous	écrirons	écririons
vous	écrirez	écririez
ils	écriront	écriraient

	Imparfait du subjonctif	**Impératif**
j'	écrivisse	
tu	écrivisses	écris
il	écrivît	
nous	écrivissions	écrivons
vous	écrivissiez	écrivez
ils	écrivissent	

Auxiliaire	**Participe passé**	**Participe présent**
avoir	écrit	écrivant

ÉLEVER
to raise
Stem-changing (E > È) –*er* verb
s'élever: to rise

	Présent	**Subjonctif**
j'	élève	élève
tu	élèves	élèves
il	élève	élève
nous	élevons	élevions
vous	élevez	éleviez
ils	élèvent	élèvent

	Imparfait	**Passé simple**
j'	élevais	élevai
tu	élevais	élevas
il	élevait	éleva
nous	élevions	élevâmes
vous	éleviez	élevâtes
ils	élevaient	élevèrent

	Futur	**Conditionnel**
j'	élèverai	élèverais
tu	élèveras	élèverais
il	élèvera	élèverait
nous	élèverons	élèverions
vous	élèverez	élèveriez
ils	élèveront	élèveraient

	Imparfait du subjonctif	**Impératif**
j'	élevasse	
tu	élevasses	élève
il	élevât	
nous	élevassions	élevons
vous	élevassiez	élevez
ils	élevassent	

Auxiliaire	**Participe passé**	**Participe présent**
avoir	élevé	élevant

EMPÊCHER
to prevent, hinder
Regular –er verb

	Présent	**Subjonctif**
j'	empêche	empêche
tu	empêches	empêches
il	empêche	empêche
nous	empêchons	empêchions
vous	empêchez	empêchiez
ils	empêchent	empêchent

	Imparfait	**Passé simple**
j'	empêchais	empêchai
tu	empêchais	empêchas
il	empêchait	empêcha
nous	empêchions	empêchâmes
vous	empêchiez	empêchâtes
ils	empêchaient	empêchèrent

	Futur	**Conditionnel**
j'	empêcherai	empêcherais
tu	empêcheras	empêcherais
il	empêchera	empêcherait
nous	empêcherons	empêcherions
vous	empêcherez	empêcheriez
ils	empêcheront	empêcheraient

	Imparfait du subjonctif	**Impératif**
j'	empêchasse	
tu	empêchasses	empêche
il	empêchât	
nous	empêchassions	empêchons
vous	empêchassiez	empêchez
ils	empêchassent	

Auxiliaire	**Participe passé**	**Participe présent**
avoir	empêché	empêchant

EMPLOYER
to use, employ
Stem-changing (Y > I) *–er* verb

	Présent	**Subjonctif**
j'	emploie	emploie
tu	emploies	emploies
il	emploie	emploie
nous	employons	employions
vous	employez	employiez
ils	emploient	emploient

	Imparfait	**Passé simple**
j'	employais	employai
tu	employais	employas
il	employait	employa
nous	employions	employâmes
vous	employiez	employâtes
ils	employaient	employèrent

	Futur	**Conditionnel**
j'	emploierai	emploierais
tu	emploieras	emploierais
il	emploiera	emploierait
nous	emploierons	emploierions
vous	emploierez	emploieriez
ils	emploieront	emploieraient

	Imparfait du subjonctif	**Impératif**
j'	employasse	
tu	employasses	emploie
il	employât	
nous	employassions	employons
vous	employassiez	employez
ils	employassent	

Auxiliaire	**Participe passé**	**Participe présent**
avoir	employé	employant

EMPRUNTER
to borrow
Regular *–er* verb

	Présent	**Subjonctif**
j'	emprunte	emprunte
tu	empruntes	empruntes
il	emprunte	emprunte
nous	empruntons	empruntions
vous	empruntez	empruntiez
ils	empruntent	empruntent

	Imparfait	**Passé simple**
j'	empruntais	empruntai
tu	empruntais	empruntas
il	empruntait	emprunta
nous	empruntions	empruntâmes
vous	empruntiez	empruntâtes
ils	empruntaient	empruntèrent

	Futur	**Conditionnel**
j'	emprunterai	emprunterais
tu	emprunteras	emprunterais
il	empruntera	emprunterait
nous	emprunterons	emprunterions
vous	emprunterez	emprunteriez
ils	emprunteront	emprunteraient

	Imparfait du subjonctif	**Impératif**
j'	empruntasse	
tu	empruntasses	emprunte
il	empruntât	
nous	empruntassions	empruntons
vous	empruntassiez	empruntez
ils	empruntassent	

Auxiliaire	**Participe passé**	**Participe présent**
avoir	emprunté	empruntant

ENNUYER
to bore
Stem-changing (Y > I) –*er* verb
s'ennuyer: to miss someone

	Présent	**Subjonctif**
j'	ennuie	ennuie
tu	ennuies	ennuies
il	ennuie	ennuie
nous	ennuyons	ennuyions
vous	ennuyez	ennuyiez
ils	ennuient	ennuient

	Imparfait	**Passé simple**
j'	ennuyais	ennuyai
tu	ennuyais	ennuyas
il	ennuyait	ennuya
nous	ennuyions	ennuyâmes
vous	ennuyiez	ennuyâtes
ils	ennuyaient	ennuyèrent

	Futur	**Conditionnel**
j'	ennuierai	ennuierais
tu	ennuieras	ennuierais
il	ennuiera	ennuierait
nous	ennuierons	ennuierions
vous	ennuierez	ennuieriez
ils	ennuieront	ennuieraient

	Imparfait du subjonctif	**Impératif**
j'	ennuyasse	
tu	ennuyasses	ennuie
il	ennuyât	
nous	ennuyassions	ennuyons
vous	ennuyassiez	ennuyez
ils	ennuyassent	

Auxiliaire	**Participe passé**	**Participe présent**
avoir	ennuyé	ennuyant

ENSEIGNER
to teach
Regular –er verb

	Présent	**Subjonctif**
j'	enseigne	enseigne
tu	enseignes	enseignes
il	enseigne	enseigne
nous	enseignons	enseignions
vous	enseignez	enseigniez
ils	enseignent	enseignent

	Imparfait	**Passé simple**
j'	enseignais	enseignai
tu	enseignais	enseignas
il	enseignait	enseigna
nous	enseignions	enseignâmes
vous	enseigniez	enseignâtes
ils	enseignaient	enseignèrent

	Futur	**Conditionnel**
j'	enseignerai	enseignerais
tu	enseigneras	enseignerais
il	enseignera	enseignerait
nous	enseignerons	enseignerions
vous	enseignerez	enseigneriez
ils	enseigneront	enseigneraient

	Imparfait du subjonctif	**Impératif**
j'	enseignasse	
tu	enseignasses	enseigne
il	enseignât	
nous	enseignassions	enseignons
vous	enseignassiez	enseignez
ils	enseignassent	

Auxiliaire	**Participe passé**	**Participe présent**
avoir	enseigné	enseignant

ENTENDRE
to hear
Regular –*re* verb

	Présent	**Subjonctif**
j'	entends	entende
tu	entends	entendes
il	entend	entende
nous	entendons	entendions
vous	entendez	entendiez
ils	entendent	entendent

	Imparfait	**Passé simple**
j'	entendais	entendis
tu	entendais	entendis
il	entendait	entendit
nous	entendions	entendîmes
vous	entendiez	entendîtes
ils	entendaient	entendirent

	Futur	**Conditionnel**
j'	entendrai	entendrais
tu	entendras	entendrais
il	entendra	entendrait
nous	entendrons	entendrions
vous	entendrez	entendriez
ils	entendront	entendraient

	Imparfait du subjonctif	**Impératif**
j'	entendisse	
tu	entendisses	entends
il	entendît	
nous	entendissions	entendons
vous	entendissiez	entendez
ils	entendissent	

Auxiliaire	**Participe passé**	**Participe présent**
avoir	entendu	entendant

ENTRER
to enter
Regular *–er* verb

	Présent	**Subjonctif**
j'	entre	entre
tu	entres	entres
il	entre	entre
nous	entrons	entrions
vous	entrez	entriez
ils	entrent	entrent

	Imparfait	**Passé simple**
j'	entrais	entrai
tu	entrais	entras
il	entrait	entra
nous	entrions	entrâmes
vous	entriez	entrâtes
ils	entraient	entrèrent

	Futur	**Conditionnel**
j'	entrerai	entrerais
tu	entreras	entrerais
il	entrera	entrerait
nous	entrerons	entrerions
vous	entrerez	entreriez
ils	entreront	entreraient

	Imparfait du subjonctif	**Impératif**
j'	entrasse	
tu	entrasses	entre
il	entrât	
nous	entrassions	entrons
vous	entrassiez	entrez
ils	entrassent	

Auxiliaire	**Participe passé**	**Participe présent**
être	entré	entrant

ENVOYER
to send
Stem-changing (Y > I) –er verb, irregular future stem

	Présent	**Subjonctif**
j'	envoie	envoie
tu	envoies	envoies
il	envoie	envoie
nous	envoyons	envoyions
vous	envoyez	envoyiez
ils	envoient	envoient

	Imparfait	**Passé simple**
j'	envoyais	envoyai
tu	envoyais	envoyas
il	envoyait	envoya
nous	envoyions	envoyâmes
vous	envoyiez	envoyâtes
ils	envoyaient	envoyèrent

	Futur	**Conditionnel**
j'	enverrai	enverrais
tu	enverras	enverrais
il	enverra	enverrait
nous	enverrons	enverrions
vous	enverrez	enverriez
ils	enverront	enverraient

	Imparfait du subjonctif	**Impératif**
j'	envoyasse	
tu	envoyasses	envoie
il	envoyât	
nous	envoyassions	envoyons
vous	envoyassiez	envoyez
ils	envoyassent	

Auxiliaire	**Participe passé**	**Participe présent**
avoir	envoyé	envoyant

ESPÉRER
to hope
Stem-changing (É > È) –er verb

	Présent	**Subjonctif**
j'	espère	espère
tu	espères	espères
il	espère	espère
nous	espérons	espérions
vous	espérez	espériez
ils	espèrent	espèrent

	Imparfait	**Passé simple**
j'	espérais	espérai
tu	espérais	espéras
il	espérait	espéra
nous	espérions	espérâmes
vous	espériez	espérâtes
ils	espéraient	espérèrent

	Futur	**Conditionnel**
j'	espérerai	espérerais
tu	espéreras	espérerais
il	espérera	espérerait
nous	espérerons	espérerions
vous	espérerez	espéreriez
ils	espéreront	espéreraient

	Imparfait du subjonctif	**Impératif**
j'	espérasse	
tu	espérasses	espère
il	espérât	
nous	espérassions	espérons
vous	espérassiez	espérez
ils	espérassent	

Auxiliaire	**Participe passé**	**Participe présent**
avoir	espéré	espérant

ESSAYER
to try
Optional stem-changing (Y > I) –er verb

	Présent	**Subjonctif**
j'	essaie / essaye	essaie / essaye
tu	essaies / essayes	essaies / essayes
il	essaie / essaye	essaie / essaye
nous	essayons	essayions
vous	essayez	essayiez
ils	essaient / essayent	essaient / essayent

	Imparfait	**Passé simple**
j'	essayais	essayai
tu	essayais	essayas
il	essayait	essaya
nous	essayions	essayâmes
vous	essayiez	essayâtes
ils	essayaient	essayèrent

	Futur	**Conditionnel**
j'	essaierai / essayerai	essaierais / essayerais
tu	essaieras / essayeras	essaierais / essayerais
il	essaiera / essayera	essaierait / essayerait
nous	essaierons / essayerons	essaierions / essayerions
vous	essaierez / essayerez	essaieriez / essayeriez
ils	essaieront / essayeront	essaieraient / essayeraient

	Imparfait du subjonctif	**Impératif**
j'	essayasse	
tu	essayasses	essaie / essaye
il	essayât	
nous	essayassions	essayons
vous	essayassiez	essayez
ils	essayassent	

Auxiliaire	**Participe passé**	**Participe présent**
avoir	essayé	essayant

ÉTABLIR
to establish
Regular –ir verb

	Présent	**Subjonctif**
j'	établis	établisse
tu	établis	établisses
il	établit	établisse
nous	établissons	établissions
vous	établissez	établissiez
ils	établissent	établissent

	Imparfait	**Passé simple**
j'	établissais	établis
tu	établissais	établis
il	établissait	établit
nous	établissions	établîmes
vous	établissiez	établîtes
ils	établissaient	établirent

	Futur	**Conditionnel**
j'	établirai	établirais
tu	établiras	établirais
il	établira	établirait
nous	établirons	établirions
vous	établirez	établiriez
ils	établiront	établiraient

	Imparfait du subjonctif	**Impératif**
j'	établisse	
tu	établisses	établis
il	établît	
nous	établissions	établissons
vous	établissiez	établissez
ils	établissent	

Auxiliaire	**Participe passé**	**Participe présent**
avoir	établi	établissant

ÉTONNER
to surprise, astonish
Regular –er verb

	Présent	**Subjonctif**
j'	étonne	étonne
tu	étonnes	étonnes
il	étonne	étonne
nous	étonnons	étonnions
vous	étonnez	étonniez
ils	étonnent	étonnent

	Imparfait	**Passé simple**
j'	étonnais	étonnai
tu	étonnais	étonnas
il	étonnait	étonna
nous	étonnions	étonnâmes
vous	étonniez	étonnâtes
ils	étonnaient	étonnèrent

	Futur	**Conditionnel**
j'	étonnerai	étonnerais
tu	étonneras	étonnerais
il	étonnera	étonnerait
nous	étonnerons	étonnerions
vous	étonnerez	étonneriez
ils	étonneront	étonneraient

	Imparfait du subjonctif	**Impératif**
j'	étonnasse	
tu	étonnasses	étonne
il	étonnât	
nous	étonnassions	étonnons
vous	étonnassiez	étonnez
ils	étonnassent	

Auxiliaire	**Participe passé**	**Participe présent**
avoir	étonné	étonnant

ÊTRE
to be
Irregular *-re* verb

	Présent	**Subjonctif**
je	suis	sois
tu	es	sois
il	est	soit
nous	sommes	soyons
vous	êtes	soyez
ils	sont	soient

	Imparfait	**Passé simple**
j'/je	étais	fus
tu	étais	fus
il	était	fut
nous	étions	fûmes
vous	étiez	fûtes
ils	étaient	furent

	Futur	**Conditionnel**
je	serai	serais
tu	seras	serais
il	sera	serait
nous	serons	serions
vous	serez	seriez
ils	seront	seraient

	Imparfait du subjonctif	**Impératif**
je	fusse	
tu	fusses	sois
il	fût	
nous	fussions	soyons
vous	fussiez	soyez
ils	fussent	

Auxiliaire	**Participe passé**	**Participe présent**
avoir	été	étant

ÉTUDIER
to study
Regular –er verb

	Présent	**Subjonctif**
j'	étudie	étudie
tu	étudies	étudies
il	étudie	étudie
nous	étudions	étudiions
vous	étudiez	étudiiez
ils	étudient	étudient

	Imparfait	**Passé simple**
j'	étudiais	étudiai
tu	étudiais	étudias
il	étudiait	étudia
nous	étudiions	étudiâmes
vous	étudiiez	étudiâtes
ils	étudiaient	étudièrent

	Futur	**Conditionnel**
j'	étudierai	étudierais
tu	étudieras	étudierais
il	étudiera	étudierait
nous	étudierons	étudierions
vous	étudierez	étudieriez
ils	étudieront	étudieraient

	Imparfait du subjonctif	**Impératif**
j'	étudiasse	
tu	étudiasses	étudie
il	étudiât	
nous	étudiassions	étudions
vous	étudiassiez	étudiez
ils	étudiassent	

Auxiliaire	**Participe passé**	**Participe présent**
avoir	étudié	étudiant

ÉVITER
to avoid
Regular *-er* verb

	Présent	**Subjonctif**
j'	évite	évite
tu	évites	évites
il	évite	évite
nous	évitons	évitions
vous	évitez	évitiez
ils	évitent	évitent

	Imparfait	**Passé simple**
j'	évitais	évitai
tu	évitais	évitas
il	évitait	évita
nous	évitions	évitâmes
vous	évitiez	évitâtes
ils	évitaient	évitèrent

	Futur	**Conditionnel**
j'	éviterai	éviterais
tu	éviteras	éviterais
il	évitera	éviterait
nous	éviterons	éviterions
vous	éviterez	éviteriez
ils	éviteront	éviteraient

	Imparfait du subjonctif	**Impératif**
j'	évitasse	
tu	évitasses	évite
il	évitât	
nous	évitassions	évitons
vous	évitassiez	évitez
ils	évitassent	

Auxiliaire	**Participe passé**	**Participe présent**
avoir	évité	évitant

EXAGÉRER
to exaggerate
Stem-changing (É > È) –er verb

	Présent	**Subjonctif**
j'	exagère	exagère
tu	exagères	exagères
il	exagère	exagère
nous	exagérons	exagérions
vous	exagérez	exagériez
ils	exagèrent	exagèrent

	Imparfait	**Passé simple**
j'	exagérais	exagérai
tu	exagérais	exagéras
il	exagérait	exagéra
nous	exagérions	exagérâmes
vous	exagériez	exagérâtes
ils	exagéraient	exagérèrent

	Futur	**Conditionnel**
j'	exagérerai	exagérerais
tu	exagéreras	exagérerais
il	exagérera	exagérerait
nous	exagérerons	exagérerions
vous	exagérerez	exagéreriez
ils	exagéreront	exagéreraient

	Imparfait du subjonctif	**Impératif**
j'	exagérasse	
tu	exagérasses	exagère
il	exagérât	
nous	exagérassions	exagérons
vous	exagérassiez	exagérez
ils	exagérassent	

Auxiliaire	**Participe passé**	**Participe présent**
avoir	exagéré	exagérant

EXCUSER
to excuse
Regular *–er* verb
s'excuser: to apologize

	Présent	**Subjonctif**
j'	excuse	excuse
tu	excuses	excuses
il	excuse	excuse
nous	excusons	excusions
vous	excusez	excusiez
ils	excusent	excusent

	Imparfait	**Passé simple**
j'	excusais	excusai
tu	excusais	excusas
il	excusait	excusa
nous	excusions	excusâmes
vous	excusiez	excusâtes
ils	excusaient	excusèrent

	Futur	**Conditionnel**
j'	excuserai	excuserais
tu	excuseras	excuserais
il	excusera	excuserait
nous	excuserons	excuserions
vous	excuserez	excuseriez
ils	excuseront	excuseraient

	Imparfait du subjonctif	**Impératif**
j'	excusasse	
tu	excusasses	excuse
il	excusât	
nous	excusassions	excusons
vous	excusassiez	excusez
ils	excusassent	

Auxiliaire	**Participe passé**	**Participe présent**
avoir	excusé	excusant

EXIGER
to demand
Spelling-change (G > GE) –er verb

	Présent	**Subjonctif**
j'	exige	exige
tu	exiges	exiges
il	exige	exige
nous	exigeons	exigions
vous	exigez	exigiez
ils	exigent	exigent

	Imparfait	**Passé simple**
j'	exigeais	exigeai
tu	exigeais	exigeas
il	exigeait	exigea
nous	exigions	exigeâmes
vous	exigiez	exigeâtes
ils	exigeaient	exigèrent

	Futur	**Conditionnel**
j'	exigerai	exigerais
tu	exigeras	exigerais
il	exigera	exigerait
nous	exigerons	exigerions
vous	exigerez	exigeriez
ils	exigeront	exigeraient

	Imparfait du subjonctif	**Impératif**
j'	exigeasse	
tu	exigeasses	exige
il	exigeât	
nous	exigeassions	exigeons
vous	exigeassiez	exigez
ils	exigeassent	

Auxiliaire	**Participe passé**	**Participe présent**
avoir	exigé	exigeant

EXPLIQUER
to explain
Regular –er verb

	Présent	**Subjonctif**
j'	explique	explique
tu	expliques	expliques
il	explique	explique
nous	expliquons	expliquions
vous	expliquez	expliquiez
ils	expliquent	expliquent

	Imparfait	**Passé simple**
j'	expliquais	expliquai
tu	expliquais	expliquas
il	expliquait	expliqua
nous	expliquions	expliquâmes
vous	expliquiez	expliquâtes
ils	expliquaient	expliquèrent

	Futur	**Conditionnel**
j'	expliquerai	expliquerais
tu	expliqueras	expliquerais
il	expliquera	expliquerait
nous	expliquerons	expliquerions
vous	expliquerez	expliqueriez
ils	expliqueront	expliqueraient

	Imparfait du subjonctif	**Impératif**
j'	expliquasse	
tu	expliquasses	explique
il	expliquât	
nous	expliquassions	expliquons
vous	expliquassiez	expliquez
ils	expliquassent	

Auxiliaire	**Participe passé**	**Participe présent**
avoir	expliqué	expliquant

EXPRIMER
to express
Regular *-er* verb

	Présent	**Subjonctif**
j'	exprime	exprime
tu	exprimes	exprimes
il	exprime	exprime
nous	exprimons	exprimions
vous	exprimez	exprimiez
ils	expriment	expriment

	Imparfait	**Passé simple**
j'	exprimais	exprimai
tu	exprimais	exprimas
il	exprimait	exprima
nous	exprimions	exprimâmes
vous	exprimiez	exprimâtes
ils	exprimaient	exprimèrent

	Futur	**Conditionnel**
j'	exprimerai	exprimerais
tu	exprimeras	exprimerais
il	exprimera	exprimerait
nous	exprimerons	exprimerions
vous	exprimerez	exprimeriez
ils	exprimeront	exprimeraient

	Imparfait du subjonctif	**Impératif**
j'	exprimasse	
tu	exprimasses	exprime
il	exprimât	
nous	exprimassions	exprimons
vous	exprimassiez	exprimez
ils	exprimassent	

Auxiliaire	**Participe passé**	**Participe présent**
avoir	exprimé	exprimant

FÂCHER
to anger, make angry
Regular *-er* verb
se fâcher: to get angry

	Présent	**Subjonctif**
je	fâche	fâche
tu	fâches	fâches
il	fâche	fâche
nous	fâchons	fâchions
vous	fâchez	fâchiez
ils	fâchent	fâchent

	Imparfait	**Passé simple**
je	fâchais	fâchai
tu	fâchais	fâchas
il	fâchait	fâcha
nous	fâchions	fâchâmes
vous	fâchiez	fâchâtes
ils	fâchaient	fâchèrent

	Futur	**Conditionnel**
je	fâcherai	fâcherais
tu	fâcheras	fâcherais
il	fâchera	fâcherait
nous	fâcherons	fâcherions
vous	fâcherez	fâcheriez
ils	fâcheront	fâcheraient

	Imparfait du subjonctif	**Impératif**
je	fâchasse	
tu	fâchasses	fâche
il	fâchât	
nous	fâchassions	fâchons
vous	fâchassiez	fâchez
ils	fâchassent	

Auxiliaire	**Participe passé**	**Participe présent**
avoir	fâché	fâchant

FAILLIR
to fail; to almost do s.t.
Irregular –*ir* verb

	Présent	**Subjonctif**
je	faux	faille
tu	faux	failles
il	faut	faille
nous	faillons	faillions
vous	faillez	failliez
ils	faillent	faillent

	Imparfait	**Passé simple**
je	faillais	faillis
tu	faillais	faillis
il	faillait	faillit
nous	faillions	faillîmes
vous	failliez	faillîtes
ils	faillaient	faillirent

	Futur	**Conditionnel**
je	faillirai / faudrai	faillirais / faudrais
tu	failliras / faudras	faillirais / faudrais
il	faillira / faudra	faillirait / faudrait
nous	faillirons / faudrons	faillirions / faudrions
vous	faillirez / faudrez	failliriez / faudriez
ils	failliront / faudront	failliraient / faudraient

	Imparfait du subjonctif	**Impératif**
je	faillisse	
tu	faillisses	–
il	faillît	
nous	faillissions	–
vous	faillissiez	–
ils	faillissent	

Auxiliaire	**Participe passé**	**Participe présent**
avoir	failli	faillant

FAIRE
to make, to do
Irregular –re verb

	Présent	**Subjonctif**
je	fais	fasse
tu	fais	fasses
il	fait	fasse
nous	faisons	fassions
vous	faites	fassiez
ils	font	fassent

	Imparfait	**Passé simple**
je	faisais	fis
tu	faisais	fis
il	faisait	fit
nous	faisions	fîmes
vous	faisiez	fîtes
ils	faisaient	firent

	Futur	**Conditionnel**
je	ferai	ferais
tu	feras	ferais
il	fera	ferait
nous	ferons	ferions
vous	ferez	feriez
ils	feront	feraient

	Imparfait du subjonctif	**Impératif**
je	fisse	
tu	fisses	fais
il	fît	
nous	fissions	faisons
vous	fissiez	faites
ils	fissent	

Auxiliaire	**Participe passé**	**Participe présent**
avoir	fait	faisant

FALLOIR
to be necessary
Impersonal irregular –*ir* verb

	Présent	**Subjonctif**
il	faut	faille
	Imparfait	**Passé simple**
il	fallait	fallut
	Futur	**Conditionnel**
il	faudra	faudrait
	Imparfait du subjonctif	**Impératif**
il	fallût	–
Auxiliaire	**Participe passé**	**Participe présent**
avoir	fallu	–

FERMER
to close
Regular –er verb

	Présent	**Subjonctif**
je	ferme	ferme
tu	fermes	fermes
il	ferme	ferme
nous	fermons	fermions
vous	fermez	fermiez
ils	ferment	ferment

	Imparfait	**Passé simple**
je	fermais	fermai
tu	fermais	fermas
il	fermait	ferma
nous	fermions	fermâmes
vous	fermiez	fermâtes
ils	fermaient	fermèrent

	Futur	**Conditionnel**
je	fermerai	fermerais
tu	fermeras	fermerais
il	fermera	fermerait
nous	fermerons	fermerions
vous	fermerez	fermeriez
ils	fermeront	fermeraient

	Imparfait du subjonctif	**Impératif**
je	fermasse	
tu	fermasses	ferme
il	fermât	
nous	fermassions	fermons
vous	fermassiez	fermez
ils	fermassent	

Auxiliaire	**Participe passé**	**Participe présent**
avoir	fermé	fermant

FINIR
to finish
Regular –*ir* verb

	Présent	**Subjonctif**
je	finis	finisse
tu	finis	finisses
il	finit	finisse
nous	finissons	finissions
vous	finissez	finissiez
ils	finissent	finissent

	Imparfait	**Passé simple**
je	finissais	finis
tu	finissais	finis
il	finissait	finit
nous	finissions	finîmes
vous	finissiez	finîtes
ils	finissaient	finirent

	Futur	**Conditionnel**
je	finirai	finirais
tu	finiras	finirais
il	finira	finirait
nous	finirons	finirions
vous	finirez	finiriez
ils	finiront	finiraient

	Imparfait du subjonctif	**Impératif**
je	finisse	
tu	finisses	finis
il	finît	
nous	finissions	finissons
vous	finissiez	finissez
ils	finissent	

Auxiliaire	**Participe passé**	**Participe présent**
avoir	fini	finissant

FOURNIR
to furnish, provide
Regular *–ir* verb

	Présent	**Subjonctif**
je	fournis	fournisse
tu	fournis	fournisses
il	fournit	fournisse
nous	fournissons	fournissions
vous	fournissez	fournissiez
ils	fournissent	fournissent

	Imparfait	**Passé simple**
je	fournissais	fournis
tu	fournissais	fournis
il	fournissait	fournit
nous	fournissions	fournîmes
vous	fournissiez	fournîtes
ils	fournissaient	fournirent

	Futur	**Conditionnel**
je	fournirai	fournirais
tu	fourniras	fournirais
il	fournira	fournirait
nous	fournirons	fournirions
vous	fournirez	fourniriez
ils	fourniront	fourniraient

	Imparfait du subjonctif	**Impératif**
je	fournisse	
tu	fournisses	fournis
il	fournît	
nous	fournissions	fournissons
vous	fournissiez	fournissez
ils	fournissent	

Auxiliaire	**Participe passé**	**Participe présent**
avoir	fourni	fournissant

FRAPPER
to knock, strike, hit
Regular –er verb

	Présent	**Subjonctif**
je	frappe	frappe
tu	frappes	frappes
il	frappe	frappe
nous	frappons	frappions
vous	frappez	frappiez
ils	frappent	frappent

	Imparfait	**Passé simple**
je	frappais	frappai
tu	frappais	frappas
il	frappait	frappa
nous	frappions	frappâmes
vous	frappiez	frappâtes
ils	frappaient	frappèrent

	Futur	**Conditionnel**
je	frapperai	frapperais
tu	frapperas	frapperais
il	frappera	frapperait
nous	frapperons	frapperions
vous	frapperez	frapperiez
ils	frapperont	frapperaient

	Imparfait du subjonctif	**Impératif**
je	frappasse	
tu	frappasses	frappe
il	frappât	
nous	frappassions	frappons
vous	frappassiez	frappez
ils	frappassent	

Auxiliaire	**Participe passé**	**Participe présent**
avoir	frappé	frappant

FUIR
to flee
Irregular –ir verb

	Présent	Subjonctif
je	fuis	fuie
tu	fuis	fuies
il	fuit	fuie
nous	fuyons	fuyions
vous	fuyez	fuyiez
ils	fuient	fuient

	Imparfait	Passé simple
je	fuyais	fuis
tu	fuyais	fuis
il	fuyait	fuit
nous	fuyions	fuîmes
vous	fuyiez	fuîtes
ils	fuyaient	fuirent

	Futur	Conditionnel
je	fuirai	fuirais
tu	fuiras	fuirais
il	fuira	fuirait
nous	fuirons	fuirions
vous	fuirez	fuiriez
ils	fuiront	fuiraient

	Imparfait du subjonctif	Impératif
je	fuisse	
tu	fuisses	fuis
il	fuît	
nous	fuissions	fuyons
vous	fuissiez	fuyez
ils	fuissent	

Auxiliaire	Participe passé	Participe présent
avoir	fui	fuyant

FUMER
to smoke
Regular *–er* verb

	Présent	**Subjonctif**
je	fume	fume
tu	fumes	fumes
il	fume	fume
nous	fumons	fumions
vous	fumez	fumiez
ils	fument	fument

	Imparfait	**Passé simple**
je	fumais	fumai
tu	fumais	fumas
il	fumait	fuma
nous	fumions	fumâmes
vous	fumiez	fumâtes
ils	fumaient	fumèrent

	Futur	**Conditionnel**
je	fumerai	fumerais
tu	fumeras	fumerais
il	fumera	fumerait
nous	fumerons	fumerions
vous	fumerez	fumeriez
ils	fumeront	fumeraient

	Imparfait du subjonctif	**Impératif**
je	fumasse	
tu	fumasses	fume
il	fumât	
nous	fumassions	fumons
vous	fumassiez	fumez
ils	fumassent	

Auxiliaire	**Participe passé**	**Participe présent**
avoir	fumé	fumant

GAGNER
to earn; to win
Regular –er verb

	Présent	**Subjonctif**
je	gagne	gagne
tu	gagnes	gagnes
il	gagne	gagne
nous	gagnons	gagnions
vous	gagnez	gagniez
ils	gagnent	gagnent

	Imparfait	**Passé simple**
je	gagnais	gagnai
tu	gagnais	gagnas
il	gagnait	gagna
nous	gagnions	gagnâmes
vous	gagniez	gagnâtes
ils	gagnaient	gagnèrent

	Futur	**Conditionnel**
je	gagnerai	gagnerais
tu	gagneras	gagnerais
il	gagnera	gagnerait
nous	gagnerons	gagnerions
vous	gagnerez	gagneriez
ils	gagneront	gagneraient

	Imparfait du subjonctif	**Impératif**
je	gagnasse	
tu	gagnasses	gagne
il	gagnât	
nous	gagnassions	gagnons
vous	gagnassiez	gagnez
ils	gagnassent	

Auxiliaire	**Participe passé**	**Participe présent**
avoir	gagné	gagnant

GARDER
to keep, guard
Regular –er verb

	Présent	**Subjonctif**
je	garde	garde
tu	gardes	gardes
il	garde	garde
nous	gardons	gardions
vous	gardez	gardiez
ils	gardent	gardent

	Imparfait	**Passé simple**
je	gardais	gardai
tu	gardais	gardas
il	gardait	garda
nous	gardions	gardâmes
vous	gardiez	gardâtes
ils	gardaient	gardèrent

	Futur	**Conditionnel**
je	garderai	garderais
tu	garderas	garderais
il	gardera	garderait
nous	garderons	garderions
vous	garderez	garderiez
ils	garderont	garderaient

	Imparfait du subjonctif	**Impératif**
je	gardasse	
tu	gardasses	garde
il	gardât	
nous	gardassions	gardons
vous	gardassiez	gardez
ils	gardassent	

Auxiliaire	**Participe passé**	**Participe présent**
avoir	gardé	gardant

GASPILLER
to waste
Regular –er verb

	Présent	**Subjonctif**
je	gaspille	gaspille
tu	gaspilles	gaspilles
il	gaspille	gaspille
nous	gaspillons	gaspillions
vous	gaspillez	gaspilliez
ils	gaspillent	gaspillent

	Imparfait	**Passé simple**
je	gaspillais	gaspillai
tu	gaspillais	gaspillas
il	gaspillait	gaspilla
nous	gaspillions	gaspillâmes
vous	gaspilliez	gaspillâtes
ils	gaspillaient	gaspillèrent

	Futur	**Conditionnel**
je	gaspillerai	gaspillerais
tu	gaspilleras	gaspillerais
il	gaspillera	gaspillerait
nous	gaspillerons	gaspillerions
vous	gaspillerez	gaspilleriez
ils	gaspilleront	gaspilleraient

	Imparfait du subjonctif	**Impératif**
je	gaspillasse	
tu	gaspillasses	gaspille
il	gaspillât	
nous	gaspillassions	gaspillons
vous	gaspillassiez	gaspillez
ils	gaspillassent	

Auxiliaire	**Participe passé**	**Participe présent**
avoir	gaspillé	gaspillant

GÂTER
to spoil
Regular –er verb

	Présent	**Subjonctif**
je	gâte	gâte
tu	gâtes	gâtes
il	gâte	gâte
nous	gâtons	gâtions
vous	gâtez	gâtiez
ils	gâtent	gâtent

	Imparfait	**Passé simple**
je	gâtais	gâtai
tu	gâtais	gâtas
il	gâtait	gâta
nous	gâtions	gâtâmes
vous	gâtiez	gâtâtes
ils	gâtaient	gâtèrent

	Futur	**Conditionnel**
je	gâterai	gâterais
tu	gâteras	gâterais
il	gâtera	gâterait
nous	gâterons	gâterions
vous	gâterez	gâteriez
ils	gâteront	gâteraient

	Imparfait du subjonctif	**Impératif**
je	gâtasse	
tu	gâtasses	gâte
il	gâtât	
nous	gâtassions	gâtons
vous	gâtassiez	gâtez
ils	gâtassent	

Auxiliaire	**Participe passé**	**Participe présent**
avoir	gâté	gâtant

GÊNER
to bother
Regular –er verb

	Présent	**Subjonctif**
je	gêne	gêne
tu	gênes	gênes
il	gêne	gêne
nous	gênons	gênions
vous	gênez	gêniez
ils	gênent	gênent

	Imparfait	**Passé simple**
je	gênais	gênai
tu	gênais	gênas
il	gênait	gêna
nous	gênions	gênâmes
vous	gêniez	gênâtes
ils	gênaient	gênèrent

	Futur	**Conditionnel**
je	gênerai	gênerais
tu	gêneras	gênerais
il	gênera	gênerait
nous	gênerons	gênerions
vous	gênerez	gêneriez
ils	gêneront	gêneraient

	Imparfait du subjonctif	**Impératif**
je	gênasse	
tu	gênasses	gêne
il	gênât	
nous	gênassions	gênons
vous	gênassiez	gênez
ils	gênassent	

Auxiliaire	**Participe passé**	**Participe présent**
avoir	gêné	gênant

GÉRER
to manage, run
Stem-changing (É > È) –er verb

	Présent	**Subjonctif**
je	gère	gère
tu	gères	gères
il	gère	gère
nous	gérons	gérions
vous	gérez	gériez
ils	gèrent	gèrent

	Imparfait	**Passé simple**
je	gérais	gérai
tu	gérais	géras
il	gérait	géra
nous	gérions	gérâmes
vous	gériez	gérâtes
ils	géraient	gérèrent

	Futur	**Conditionnel**
je	gérerai	gérerais
tu	géreras	gérerais
il	gérera	gérerait
nous	gérerons	gérerions
vous	gérerez	géreriez
ils	géreront	géreraient

	Imparfait du subjonctif	**Impératif**
je	gérasse	
tu	gérasses	gère
il	gérât	
nous	gérassions	gérons
vous	gérassiez	gérez
ils	gérassent	

Auxiliaire	**Participe passé**	**Participe présent**
avoir	géré	gérant

GOÛTER
to taste
Regular –er verb

	Présent	**Subjonctif**
je	goûte	goûte
tu	goûtes	goûtes
il	goûte	goûte
nous	goûtons	goûtions
vous	goûtez	goûtiez
ils	goûtent	goûtent

	Imparfait	**Passé simple**
je	goûtais	goûtai
tu	goûtais	goûtas
il	goûtait	goûta
nous	goûtions	goûtâmes
vous	goûtiez	goûtâtes
ils	goûtaient	goûtèrent

	Futur	**Conditionnel**
je	goûterai	goûterais
tu	goûteras	goûterais
il	goûtera	goûterait
nous	goûterons	goûterions
vous	goûterez	goûteriez
ils	goûteront	goûteraient

	Imparfait du subjonctif	**Impératif**
je	goûtasse	
tu	goûtasses	goûte
il	goûtât	
nous	goûtassions	goûtons
vous	goûtassiez	goûtez
ils	goûtassent	

Auxiliaire	**Participe passé**	**Participe présent**
avoir	goûté	goûtant

HABILLER
to dress, clothe s.o.
Regular *-er* verb
s'habiller: to get dressed

	Présent	**Subjonctif**
j'	habille	habille
tu	habilles	habilles
il	habille	habille
nous	habillons	habillions
vous	habillez	habilliez
ils	habillent	habillent

	Imparfait	**Passé simple**
j'	habillais	habillai
tu	habillais	habillas
il	habillait	habilla
nous	habillions	habillâmes
vous	habilliez	habillâtes
ils	habillaient	habillèrent

	Futur	**Conditionnel**
j'	habillerai	habillerais
tu	habilleras	habillerais
il	habillera	habillerait
nous	habillerons	habillerions
vous	habillerez	habilleriez
ils	habilleront	habilleraient

	Imparfait du subjonctif	**Impératif**
j'	habillasse	
tu	habillasses	habille
il	habillât	
nous	habillassions	habillons
vous	habillassiez	habillez
ils	habillassent	

Auxiliaire	**Participe passé**	**Participe présent**
avoir	habillé	habillant

HABITER
to reside, to live at
Regular *–er* verb

	Présent	**Subjonctif**
j'	habite	habite
tu	habites	habites
il	habite	habite
nous	habitons	habitions
vous	habitez	habitiez
ils	habitent	habitent

	Imparfait	**Passé simple**
j'	habitais	habitai
tu	habitais	habitas
il	habitait	habita
nous	habitions	habitâmes
vous	habitiez	habitâtes
ils	habitaient	habitèrent

	Futur	**Conditionnel**
j'	habiterai	habiterais
tu	habiteras	habiterais
il	habitera	habiterait
nous	habiterons	habiterions
vous	habiterez	habiteriez
ils	habiteront	habiteraient

	Imparfait du subjonctif	**Impératif**
j'	habitasse	
tu	habitasses	habite
il	habitât	
nous	habitassions	habitons
vous	habitassiez	habitez
ils	habitassent	

Auxiliaire	**Participe passé**	**Participe présent**
avoir	habité	habitant

HAÏR
to hate
Irregular −*ir* verb

	Présent	**Subjonctif**
je	hais	haïsse
tu	hais	haïsses
il	hait	haïsse
nous	haïssons	haïssions
vous	haïssez	haïssiez
ils	haïssent	haïssent

	Imparfait	**Passé simple**
je	haïssais	haïs
tu	haïssais	haïs
il	haïssait	haït
nous	haïssions	haïmes
vous	haïssiez	haïtes
ils	haïssaient	haïrent

	Futur	**Conditionnel**
je	haïrai	haïrais
tu	haïras	haïrais
il	haïra	haïrait
nous	haïrons	haïrions
vous	haïrez	haïriez
ils	haïront	haïraient

	Imparfait du subjonctif	**Impératif**
je	haïsse	
tu	haïsses	hais
il	haït	
nous	haïssions	haïssons
vous	haïssiez	haïssez
ils	haïssent	

Auxiliaire	**Participe passé**	**Participe présent**
avoir	haï	haïssant

HÉSITER
to hesitate
Regular –er verb

	Présent	**Subjonctif**
j'	hésite	hésite
tu	hésites	hésites
il	hésite	hésite
nous	hésitons	hésitions
vous	hésitez	hésitiez
ils	hésitent	hésitent

	Imparfait	**Passé simple**
j'	hésitais	hésitai
tu	hésitais	hésitas
il	hésitait	hésita
nous	hésitions	hésitâmes
vous	hésitiez	hésitâtes
ils	hésitaient	hésitèrent

	Futur	**Conditionnel**
j'	hésiterai	hésiterais
tu	hésiteras	hésiterais
il	hésitera	hésiterait
nous	hésiterons	hésiterions
vous	hésiterez	hésiteriez
ils	hésiteront	hésiteraient

	Imparfait du subjonctif	**Impératif**
j'	hésitasse	
tu	hésitasses	hésite
il	hésitât	
nous	hésitassions	hésitons
vous	hésitassiez	hésitez
ils	hésitassent	

Auxiliaire	**Participe passé**	**Participe présent**
avoir	hésité	hésitant

INCLURE
to include
Irregular *–re* verb

	Présent	**Subjonctif**
j'	inclus	inclue
tu	inclus	inclues
il	inclut	inclue
nous	incluons	incluions
vous	incluez	incluiez
ils	incluent	incluent

	Imparfait	**Passé simple**
j'	incluais	inclus
tu	incluais	inclus
il	incluait	inclut
nous	incluions	inclûmes
vous	incluiez	inclûtes
ils	incluaient	inclurent

	Futur	**Conditionnel**
j'	inclurai	inclurais
tu	incluras	inclurais
il	inclura	inclurait
nous	inclurons	inclurions
vous	inclurez	incluriez
ils	incluront	incluraient

	Imparfait du subjonctif	**Impératif**
j'	inclusse	
tu	inclusses	inclus
il	inclût	
nous	inclussions	incluons
vous	inclussiez	incluez
ils	inclussent	

Auxiliaire	**Participe passé**	**Participe présent**
avoir	inclus	incluant

INQUIÉTER
to worry s.o.
Stem-changing (É > È) –er verb
s'inquiéter: to be worried, to worry (o.s.)

	Présent	**Subjonctif**
j'	inquiète	inquiète
tu	inquiètes	inquiètes
il	inquiète	inquiète
nous	inquiétons	inquiétions
vous	inquiétez	inquiétiez
ils	inquiètent	inquiètent

	Imparfait	**Passé simple**
j'	inquiétais	inquiétai
tu	inquiétais	inquiétas
il	inquiétait	inquiéta
nous	inquiétions	inquiétâmes
vous	inquiétiez	inquiétâtes
ils	inquiétaient	inquiétèrent

	Futur	**Conditionnel**
j'	inquiéterai	inquiéterais
tu	inquiéteras	inquiéterais
il	inquiétera	inquiéterait
nous	inquiéterons	inquiéterions
vous	inquiéterez	inquiéteriez
ils	inquiéteront	inquiéteraient

	Imparfait du subjonctif	**Impératif**
j'	inquiétasse	
tu	inquiétasses	inquiète
il	inquiétât	
nous	inquiétassions	inquiétons
vous	inquiétassiez	inquiétez
ils	inquiétassent	

Auxiliaire	**Participe passé**	**Participe présent**
avoir	inquiété	inquiétant

INSISTER
to insist, stress
Regular –er verb

	Présent	**Subjonctif**
j'	insiste	insiste
tu	insistes	insistes
il	insiste	insiste
nous	insistons	insistions
vous	insistez	insistiez
ils	insistent	insistent

	Imparfait	**Passé simple**
j'	insistais	insistai
tu	insistais	insistas
il	insistait	insista
nous	insistions	insistâmes
vous	insistiez	insistâtes
ils	insistaient	insistèrent

	Futur	**Conditionnel**
j'	insisterai	insisterais
tu	insisteras	insisterais
il	insistera	insisterait
nous	insisterons	insisterions
vous	insisterez	insisteriez
ils	insisteront	insisteraient

	Imparfait du subjonctif	**Impératif**
j'	insistasse	
tu	insistasses	insiste
il	insistât	
nous	insistassions	insistons
vous	insistassiez	insistez
ils	insistassent	

Auxiliaire	**Participe passé**	**Participe présent**
avoir	insisté	insistant

INTERDIRE
to forbid
Irregular –re verb

	Présent	**Subjonctif**
j'	interdis	interdise
tu	interdis	interdises
il	interdit	interdise
nous	interdisons	interdisions
vous	interdisez	interdisiez
ils	interdisent	interdisent

	Imparfait	**Passé simple**
j'	interdisais	interdis
tu	interdisais	interdis
il	interdisait	interdit
nous	interdisions	interdîmes
vous	interdisiez	interdîtes
ils	interdisaient	interdirent

	Futur	**Conditionnel**
j'	interdirai	interdirais
tu	interdiras	interdirais
il	interdira	interdirait
nous	interdirons	interdirions
vous	interdirez	interdiriez
ils	interdiront	interdiraient

	Imparfait du subjonctif	**Impératif**
j'	interdisse	
tu	interdisses	interdis
il	interdît	
nous	interdissions	interdisons
vous	interdissiez	interdisez
ils	interdissent	

Auxiliaire	**Participe passé**	**Participe présent**
avoir	interdit	interdisant

INTÉRESSER
to interest s.o.
Regular *–er* verb
s'intéresser: to be interested

	Présent	**Subjonctif**
j'	intéresse	intéresse
tu	intéresses	intéresses
il	intéresse	intéresse
nous	intéressons	intéressions
vous	intéressez	intéressiez
ils	intéressent	intéressent

	Imparfait	**Passé simple**
j'	intéressais	intéressai
tu	intéressais	intéressas
il	intéressait	intéressa
nous	intéressions	intéressâmes
vous	intéressiez	intéressâtes
ils	intéressaient	intéressèrent

	Futur	**Conditionnel**
j'	intéresserai	intéresserais
tu	intéresseras	intéresserais
il	intéressera	intéresserait
nous	intéresserons	intéresserions
vous	intéresserez	intéresseriez
ils	intéresseront	intéresseraient

	Imparfait du subjonctif	**Impératif**
j'	intéressasse	
tu	intéressasses	intéresse
il	intéressât	
nous	intéressassions	intéressons
vous	intéressassiez	intéressez
ils	intéressassent	

Auxiliaire	**Participe passé**	**Participe présent**
avoir	intéressé	intéressant

INVITER
to invite
Regular –er verb

	Présent	Subjonctif
j'	invite	invite
tu	invites	invites
il	invite	invite
nous	invitons	invitions
vous	invitez	invitiez
ils	invitent	invitent

	Imparfait	Passé simple
j'	invitais	invitai
tu	invitais	invitas
il	invitait	invita
nous	invitions	invitâmes
vous	invitiez	invitâtes
ils	invitaient	invitèrent

	Futur	Conditionnel
j'	inviterai	inviterais
tu	inviteras	inviterais
il	invitera	inviterait
nous	inviterons	inviterions
vous	inviterez	inviteriez
ils	inviteront	inviteraient

	Imparfait du subjonctif	Impératif
j'	invitasse	
tu	invitasses	invite
il	invitât	
nous	invitassions	invitons
vous	invitassiez	invitez
ils	invitassent	

Auxiliaire	Participe passé	Participe présent
avoir	invité	invitant

JETER
to throw
Stem-changing (T > TT) –er verb

	Présent	**Subjonctif**
je	jette	jette
tu	jettes	jettes
il	jette	jette
nous	jetons	jetions
vous	jetez	jetiez
ils	jettent	jettent

	Imparfait	**Passé simple**
je	jetais	jetai
tu	jetais	jetas
il	jetait	jeta
nous	jetions	jetâmes
vous	jetiez	jetâtes
ils	jetaient	jetèrent

	Futur	**Conditionnel**
je	jetterai	jetterais
tu	jetteras	jetterais
il	jettera	jetterait
nous	jetterons	jetterions
vous	jetterez	jetteriez
ils	jetteront	jetteraient

	Imparfait du subjonctif	**Impératif**
je	jetasse	
tu	jetasses	jette
il	jetât	
nous	jetassions	jetons
vous	jetassiez	jetez
ils	jetassent	

Auxiliaire	**Participe passé**	**Participe présent**
avoir	jeté	jetant

JOINDRE
to join, attach
Irregular –re verb

	Présent	**Subjonctif**
je	joins	joigne
tu	joins	joignes
il	joint	joigne
nous	joignons	joignions
vous	joignez	joigniez
ils	joignent	joignent

	Imparfait	**Passé simple**
je	joignais	joignis
tu	joignais	joignis
il	joignait	joignit
nous	joignions	joignîmes
vous	joigniez	joignîtes
ils	joignaient	joignirent

	Futur	**Conditionnel**
je	joindrai	joindrais
tu	joindras	joindrais
il	joindra	joindrait
nous	joindrons	joindrions
vous	joindrez	joindriez
ils	joindront	joindraient

	Imparfait du subjonctif	**Impératif**
je	joignisse	
tu	joignisses	joins
il	joignît	
nous	joignissions	joignons
vous	joignissiez	joignez
ils	joignissent	

Auxiliaire	**Participe passé**	**Participe présent**
avoir	joint	joignant

JOUER
to play
Regular *–er* verb

	Présent	**Subjonctif**
je	joue	joue
tu	joues	joues
il	joue	joue
nous	jouons	jouions
vous	jouez	jouiez
ils	jouent	jouent

	Imparfait	**Passé simple**
je	jouais	jouai
tu	jouais	jouas
il	jouait	joua
nous	jouions	jouâmes
vous	jouiez	jouâtes
ils	jouaient	jouèrent

	Futur	**Conditionnel**
je	jouerai	jouerais
tu	joueras	jouerais
il	jouera	jouerait
nous	jouerons	jouerions
vous	jouerez	joueriez
ils	joueront	joueraient

	Imparfait du subjonctif	**Impératif**
je	jouasse	
tu	jouasses	joue
il	jouât	
nous	jouassions	jouons
vous	jouassiez	jouez
ils	jouassent	

Auxiliaire	**Participe passé**	**Participe présent**
avoir	joué	jouant

JURER
to swear, vow
Regular –er verb

	Présent	**Subjonctif**
je	jure	jure
tu	jures	jures
il	jure	jure
nous	jurons	jurions
vous	jurez	juriez
ils	jurent	jurent

	Imparfait	**Passé simple**
je	jurais	jurai
tu	jurais	juras
il	jurait	jura
nous	jurions	jurâmes
vous	juriez	jurâtes
ils	juraient	jurèrent

	Futur	**Conditionnel**
je	jurerai	jurerais
tu	jureras	jurerais
il	jurera	jurerait
nous	jurerons	jurerions
vous	jurerez	jureriez
ils	jureront	jureraient

	Imparfait du subjonctif	**Impératif**
je	jurasse	
tu	jurasses	jure
il	jurât	
nous	jurassions	jurons
vous	jurassiez	jurez
ils	jurassent	

Auxiliaire	**Participe passé**	**Participe présent**
avoir	juré	jurant

LAISSER
to leave (something behind)
Regular –er verb

	Présent	Subjonctif
je	laisse	laisse
tu	laisses	laisses
il	laisse	laisse
nous	laissons	laissions
vous	laissez	laissiez
ils	laissent	laissent

	Imparfait	Passé simple
je	laissais	laissai
tu	laissais	laissas
il	laissait	laissa
nous	laissions	laissâmes
vous	laissiez	laissâtes
ils	laissaient	laissèrent

	Futur	Conditionnel
je	laisserai	laisserais
tu	laisseras	laisserais
il	laissera	laisserait
nous	laisserons	laisserions
vous	laisserez	laisseriez
ils	laisseront	laisseraient

	Imparfait du subjonctif	Impératif
je	laissasse	
tu	laissasses	laisse
il	laissât	
nous	laissassions	laissons
vous	laissassiez	laissez
ils	laissassent	

Auxiliaire	Participe passé	Participe présent
avoir	laissé	laissant

LANCER
to throw
Spelling-change (C > Ç) –er verb

	Présent	**Subjonctif**
je	lance	lance
tu	lances	lances
il	lance	lance
nous	lançons	lancions
vous	lancez	lanciez
ils	lancent	lancent

	Imparfait	**Passé simple**
je	lançais	lançai
tu	lançais	lanças
il	lançait	lança
nous	lancions	lançâmes
vous	lanciez	lançâtes
ils	lançaient	lancèrent

	Futur	**Conditionnel**
je	lancerai	lancerais
tu	lanceras	lancerais
il	lancera	lancerait
nous	lancerons	lancerions
vous	lancerez	lanceriez
ils	lanceront	lanceraient

	Imparfait du subjonctif	**Impératif**
je	lançasse	
tu	lançasses	lance
il	lançât	
nous	lançassions	lançons
vous	lançassiez	lancez
ils	lançassent	

Auxiliaire	**Participe passé**	**Participe présent**
avoir	lancé	lançant

LAVER
to wash s.o./s.t.
Regular –er verb
se laver: to wash o.s.

	Présent	**Subjonctif**
je	lave	lave
tu	laves	laves
il	lave	lave
nous	lavons	lavions
vous	lavez	laviez
ils	lavent	lavent

	Imparfait	**Passé simple**
je	lavais	lavai
tu	lavais	lavas
il	lavait	lava
nous	lavions	lavâmes
vous	laviez	lavâtes
ils	lavaient	lavèrent

	Futur	**Conditionnel**
je	laverai	laverais
tu	laveras	laverais
il	lavera	laverait
nous	laverons	laverions
vous	laverez	laveriez
ils	laveront	laveraient

	Imparfait du subjonctif	**Impératif**
je	lavasse	
tu	lavasses	lave
il	lavât	
nous	lavassions	lavons
vous	lavassiez	lavez
ils	lavassent	

Auxiliaire	**Participe passé**	**Participe présent**
avoir	lavé	lavant

LEVER
to lift, raise
Stem-changing (E > È) –er verb
se lever: to get up

	Présent	**Subjonctif**
je	lève	lève
tu	lèves	lèves
il	lève	lève
nous	levons	levions
vous	levez	leviez
ils	lèvent	lèvent

	Imparfait	**Passé simple**
je	levais	levai
tu	levais	levas
il	levait	leva
nous	levions	levâmes
vous	leviez	levâtes
ils	levaient	levèrent

	Futur	**Conditionnel**
je	lèverai	lèverais
tu	lèveras	lèverais
il	lèvera	lèverait
nous	lèverons	lèverions
vous	lèverez	lèveriez
ils	lèveront	lèveraient

	Imparfait du subjonctif	**Impératif**
je	levasse	
tu	levasses	lève
il	levât	
nous	levassions	levons
vous	levassiez	levez
ils	levassent	

Auxiliaire	**Participe passé**	**Participe présent**
avoir	levé	levant

LIRE
to read
Irregular *–re* verb

	Présent	**Subjonctif**
je	lis	lise
tu	lis	lises
il	lit	lise
nous	lisons	lisions
vous	lisez	lisiez
ils	lisent	lisent

	Imparfait	**Passé simple**
je	lisais	lus
tu	lisais	lus
il	lisait	lut
nous	lisions	lûmes
vous	lisiez	lûtes
ils	lisaient	lurent

	Futur	**Conditionnel**
je	lirai	lirais
tu	liras	lirais
il	lira	lirait
nous	lirons	lirions
vous	lirez	liriez
ils	liront	liraient

	Imparfait du subjonctif	**Impératif**
je	lusse	
tu	lusses	lis
il	lût	
nous	lussions	lisons
vous	lussiez	lisez
ils	lussent	

Auxiliaire	**Participe passé**	**Participe présent**
avoir	lu	lisant

LOUER
to rent; to praise
Regular –er verb

	Présent	**Subjonctif**
je	loue	loue
tu	loues	loues
il	loue	loue
nous	louons	louions
vous	louez	louiez
ils	louent	louent

	Imparfait	**Passé simple**
je	louais	louai
tu	louais	louas
il	louait	loua
nous	louions	louâmes
vous	louiez	louâtes
ils	louaient	louèrent

	Futur	**Conditionnel**
je	louerai	louerais
tu	loueras	louerais
il	louera	louerait
nous	louerons	louerions
vous	louerez	loueriez
ils	loueront	loueraient

	Imparfait du subjonctif	**Impératif**
je	louasse	
tu	louasses	loue
il	louât	
nous	louassions	louons
vous	louassiez	louez
ils	louassent	

Auxiliaire	**Participe passé**	**Participe présent**
avoir	loué	louant

MAIGRIR
to lose weight
Regular –*ir* verb

	Présent	**Subjonctif**
je	maigris	maigrisse
tu	maigris	maigrisses
il	maigrit	maigrisse
nous	maigrissons	maigrissions
vous	maigrissez	maigrissiez
ils	maigrissent	maigrissent

	Imparfait	**Passé simple**
je	maigrissais	maigris
tu	maigrissais	maigris
il	maigrissait	maigrit
nous	maigrissions	maigrîmes
vous	maigrissiez	maigrîtes
ils	maigrissaient	maigrirent

	Futur	**Conditionnel**
je	maigrirai	maigrirais
tu	maigriras	maigrirais
il	maigrira	maigrirait
nous	maigrirons	maigririons
vous	maigrirez	maigririez
ils	maigriront	maigriraient

	Imparfait du subjonctif	**Impératif**
je	maigrisse	
tu	maigrisses	maigris
il	maigrît	
nous	maigrissions	maigrissons
vous	maigrissiez	maigrissez
ils	maigrissent	

Auxiliaire	**Participe passé**	**Participe présent**
avoir	maigri	maigrissant

MAINTENIR
to maintain
Irregular –ir verb

	Présent	**Subjonctif**
je	maintiens	maintienne
tu	maintiens	maintiennes
il	maintient	maintienne
nous	maintenons	maintenions
vous	maintenez	mainteniez
ils	maintiennent	maintiennent

	Imparfait	**Passé simple**
je	maintenais	maintins
tu	maintenais	maintins
il	maintenait	maintint
nous	maintenions	maintînmes
vous	mainteniez	maintîntes
ils	maintenaient	maintinrent

	Futur	**Conditionnel**
je	maintiendrai	maintiendrais
tu	maintiendras	maintiendrais
il	maintiendra	maintiendrait
nous	maintiendrons	maintiendrions
vous	maintiendrez	maintiendriez
ils	maintiendront	maintiendraient

	Imparfait du subjonctif	**Impératif**
je	maintinsse	
tu	maintinsses	maintiens
il	maintînt	
nous	maintinssions	maintenons
vous	maintinssiez	maintenez
ils	maintinssent	

Auxiliaire	**Participe passé**	**Participe présent**
avoir	maintenu	maintenant

MANGER
to eat
Spelling-change (G > GE) –er verb

	Présent	**Subjonctif**
je	mange	mange
tu	manges	manges
il	mange	mange
nous	mangeons	mangions
vous	mangez	mangiez
ils	mangent	mangent

	Imparfait	**Passé simple**
je	mangeais	mangeai
tu	mangeais	mangeas
il	mangeait	mangea
nous	mangions	mangeâmes
vous	mangiez	mangeâtes
ils	mangeaient	mangèrent

	Futur	**Conditionnel**
je	mangerai	mangerais
tu	mangeras	mangerais
il	mangera	mangerait
nous	mangerons	mangerions
vous	mangerez	mangeriez
ils	mangeront	mangeraient

	Imparfait du subjonctif	**Impératif**
je	mangeasse	
tu	mangeasses	mange
il	mangeât	
nous	mangeassions	mangeons
vous	mangeassiez	mangez
ils	mangeassent	

Auxiliaire	**Participe passé**	**Participe présent**
avoir	mangé	mangeant

MARCHER
to walk, march; to function
Regular –er verb

	Présent	**Subjonctif**
je	marche	marche
tu	marches	marches
il	marche	marche
nous	marchons	marchions
vous	marchez	marchiez
ils	marchent	marchent

	Imparfait	**Passé simple**
je	marchais	marchai
tu	marchais	marchas
il	marchait	marcha
nous	marchions	marchâmes
vous	marchiez	marchâtes
ils	marchaient	marchèrent

	Futur	**Conditionnel**
je	marcherai	marcherais
tu	marcheras	marcherais
il	marchera	marcherait
nous	marcherons	marcherions
vous	marcherez	marcheriez
ils	marcheront	marcheraient

	Imparfait du subjonctif	**Impératif**
je	marchasse	
tu	marchasses	marche
il	marchât	
nous	marchassions	marchons
vous	marchassiez	marchez
ils	marchassent	

Auxiliaire	**Participe passé**	**Participe présent**
avoir	marché	marchant

MÉLANGER
to mix
Spelling-change (G > GE) –er verb

	Présent	**Subjonctif**
je	mélange	mélange
tu	mélanges	mélanges
il	mélange	mélange
nous	mélangeons	mélangions
vous	mélangez	mélangiez
ils	mélangent	mélangent

	Imparfait	**Passé simple**
je	mélangeais	mélangeai
tu	mélangeais	mélangeas
il	mélangeait	mélangea
nous	mélangions	mélangeâmes
vous	mélangiez	mélangeâtes
ils	mélangeaient	mélangèrent

	Futur	**Conditionnel**
je	mélangerai	mélangerais
tu	mélangeras	mélangerais
il	mélangera	mélangerait
nous	mélangerons	mélangerions
vous	mélangerez	mélangeriez
ils	mélangeront	mélangeraient

	Imparfait du subjonctif	**Impératif**
je	mélangeasse	
tu	mélangeasses	mélange
il	mélangeât	
nous	mélangeassions	mélangeons
vous	mélangeassiez	mélangez
ils	mélangeassent	

Auxiliaire	**Participe passé**	**Participe présent**
avoir	mélangé	mélangeant

MENER
to lead
Stem-changing (E > È) –er verb

	Présent	**Subjonctif**
je	mène	mène
tu	mènes	mènes
il	mène	mène
nous	menons	menions
vous	menez	meniez
ils	mènent	mènent

	Imparfait	**Passé simple**
je	menais	menai
tu	menais	menas
il	menait	mena
nous	menions	menâmes
vous	meniez	menâtes
ils	menaient	menèrent

	Futur	**Conditionnel**
je	mènerai	mènerais
tu	mèneras	mènerais
il	mènera	mènerait
nous	mènerons	mènerions
vous	mènerez	mèneriez
ils	mèneront	mèneraient

	Imparfait du subjonctif	**Impératif**
je	menasse	
tu	menasses	mène
il	menât	
nous	menassions	menons
vous	menassiez	menez
ils	menassent	

Auxiliaire	**Participe passé**	**Participe présent**
avoir	mené	menant

MENTIR
to lie
Irregular –*ir* verb

	Présent	**Subjonctif**
je	mens	mente
tu	mens	mentes
il	ment	mente
nous	mentons	mentions
vous	mentez	mentiez
ils	mentent	mentent

	Imparfait	**Passé simple**
je	mentais	mentis
tu	mentais	mentis
il	mentait	mentit
nous	mentions	mentîmes
vous	mentiez	mentîtes
ils	mentaient	mentirent

	Futur	**Conditionnel**
je	mentirai	mentirais
tu	mentiras	mentirais
il	mentira	mentirait
nous	mentirons	mentirions
vous	mentirez	mentiriez
ils	mentiront	mentiraient

	Imparfait du subjonctif	**Impératif**
je	mentisse	
tu	mentisses	mens
il	mentît	
nous	mentissions	mentons
vous	mentissiez	mentez
ils	mentissent	

Auxiliaire	**Participe passé**	**Participe présent**
avoir	menti	mentant

METTRE
to put
Irregular –re verb

	Présent	**Subjonctif**
je	mets	mette
tu	mets	mettes
il	met	mette
nous	mettons	mettions
vous	mettez	mettiez
ils	mettent	mettent

	Imparfait	**Passé simple**
je	mettais	mis
tu	mettais	mis
il	mettait	mit
nous	mettions	mîmes
vous	mettiez	mîtes
ils	mettaient	mirent

	Futur	**Conditionnel**
je	mettrai	mettrais
tu	mettras	mettrais
il	mettra	mettrait
nous	mettrons	mettrions
vous	mettrez	mettriez
ils	mettront	mettraient

	Imparfait du subjonctif	**Impératif**
je	misse	
tu	misses	mets
il	mît	
nous	missions	mettons
vous	missiez	mettez
ils	missent	

Auxiliaire	**Participe passé**	**Participe présent**
avoir	mis	mettant

MONTER
to climb, go up
Regular –er verb

	Présent	**Subjonctif**
je	monte	monte
tu	montes	montes
il	monte	monte
nous	montons	montions
vous	montez	montiez
ils	montent	montent

	Imparfait	**Passé simple**
je	montais	montai
tu	montais	montas
il	montait	monta
nous	montions	montâmes
vous	montiez	montâtes
ils	montaient	montèrent

	Futur	**Conditionnel**
je	monterai	monterais
tu	monteras	monterais
il	montera	monterait
nous	monterons	monterions
vous	monterez	monteriez
ils	monteront	monteraient

	Imparfait du subjonctif	**Impératif**
je	montasse	
tu	montasses	monte
il	montât	
nous	montassions	montons
vous	montassiez	montez
ils	montassent	

Auxiliaire	**Participe passé**	**Participe présent**
être	monté	montant

MONTRER
to show
Regular *-er* verb

	Présent	**Subjonctif**
je	montre	montre
tu	montres	montres
il	montre	montre
nous	montrons	montrions
vous	montrez	montriez
ils	montrent	montrent

	Imparfait	**Passé simple**
je	montrais	montrai
tu	montrais	montras
il	montrait	montra
nous	montrions	montrâmes
vous	montriez	montrâtes
ils	montraient	montrèrent

	Futur	**Conditionnel**
je	montrerai	montrerais
tu	montreras	montrerais
il	montrera	montrerait
nous	montrerons	montrerions
vous	montrerez	montreriez
ils	montreront	montreraient

	Imparfait du subjonctif	**Impératif**
je	montrasse	
tu	montrasses	montre
il	montrât	
nous	montrassions	montrons
vous	montrassiez	montrez
ils	montrassent	

Auxiliaire	**Participe passé**	**Participe présent**
avoir	montré	montrant

SE MOQUER
to mock, make fun of
Reflexive regular –er verb

	Présent	**Subjonctif**
je me	moque	moque
tu te	moques	moques
il se	moque	moque
nous nous	moquons	moquions
vous vous	moquez	moquiez
ils se	moquent	moquent

	Imparfait	**Passé simple**
je me	moquais	moquai
tu te	moquais	moquas
il se	moquait	moqua
nous nous	moquions	moquâmes
vous vous	moquiez	moquâtes
ils se	moquaient	moquèrent

	Futur	**Conditionnel**
je me	moquerai	moquerais
tu te	moqueras	moquerais
il se	moquera	moquerait
nous nous	moquerons	moquerions
vous vous	moquerez	moqueriez
ils se	moqueront	moqueraient

	Imparfait du subjonctif	**Impératif**
je me	moquasse	
tu te	moquasses	moque-toi
il se	moquât	
nous nous	moquassions	moquons-nous
vous vous	moquassiez	moquez-vous
ils se	moquassent	

Auxiliaire	**Participe passé**	**Participe présent**
(s')être	moqué	se moquant

MORDRE
to bite
Regular –re verb

	Présent	Subjonctif
je	mords	morde
tu	mords	mordes
il	mord	morde
nous	mordons	mordions
vous	mordez	mordiez
ils	mordent	mordent

	Imparfait	Passé simple
je	mordais	mordis
tu	mordais	mordis
il	mordait	mordit
nous	mordions	mordîmes
vous	mordiez	mordîtes
ils	mordaient	mordirent

	Futur	Conditionnel
je	mordrai	mordrais
tu	mordras	mordrais
il	mordra	mordrait
nous	mordrons	mordrions
vous	mordrez	mordriez
ils	mordront	mordraient

	Imparfait du subjonctif	Impératif
je	mordisse	
tu	mordisses	mords
il	mordît	
nous	mordissions	mordons
vous	mordissiez	mordez
ils	mordissent	

Auxiliaire	Participe passé	Participe présent
avoir	mordu	mordant

MOUDRE
to mill, grind
Irregular –re verb

	Présent	**Subjonctif**
je	mouds	moule
tu	mouds	moules
il	moud	moule
nous	moulons	moulions
vous	moulez	mouliez
ils	moulent	moulent

	Imparfait	**Passé simple**
je	moulais	moulus
tu	moulais	moulus
il	moulait	moulut
nous	moulions	moulûmes
vous	mouliez	moulûtes
ils	moulaient	moulurent

	Futur	**Conditionnel**
je	moudrai	moudrais
tu	moudras	moudrais
il	moudra	moudrait
nous	moudrons	moudrions
vous	moudrez	moudriez
ils	moudront	moudraient

	Imparfait du subjonctif	**Impératif**
je	moulusse	
tu	moulusses	mouds
il	moulût	
nous	moulussions	moulons
vous	moulussiez	moulez
ils	moulussent	

Auxiliaire	**Participe passé**	**Participe présent**
avoir	moulu	moulant

MOURIR
to die
Irregular –ir verb

	Présent	**Subjonctif**
je	meurs	meure
tu	meurs	meures
il	meurt	meure
nous	mourons	mourions
vous	mourez	mouriez
ils	meurent	meurent

	Imparfait	**Passé simple**
je	mourais	mourus
tu	mourais	mourus
il	mourait	mourut
nous	mourions	mourûmes
vous	mouriez	mourûtes
ils	mouraient	moururent

	Futur	**Conditionnel**
je	mourrai	mourrais
tu	mourras	mourrais
il	mourra	mourrait
nous	mourrons	mourrions
vous	mourrez	mourriez
ils	mourront	mourraient

	Imparfait du subjonctif	**Impératif**
je	mourusse	
tu	mourusses	meurs
il	mourût	
nous	mourussions	mourons
vous	mourussiez	mourez
ils	mourussent	

Auxiliaire	**Participe passé**	**Participe présent**
être	mort	mourant

NAGER
to swim
Spelling-change (G > GE) –er verb

	Présent	**Subjonctif**
je	nage	nage
tu	nages	nages
il	nage	nage
nous	nageons	nagions
vous	nagez	nagiez
ils	nagent	nagent

	Imparfait	**Passé simple**
je	nageais	nageai
tu	nageais	nageas
il	nageait	nagea
nous	nagions	nageâmes
vous	nagiez	nageâtes
ils	nageaient	nagèrent

	Futur	**Conditionnel**
je	nagerai	nagerais
tu	nageras	nagerais
il	nagera	nagerait
nous	nagerons	nagerions
vous	nagerez	nageriez
ils	nageront	nageraient

	Imparfait du subjonctif	**Impératif**
je	nageasse	
tu	nageasses	nage
il	nageât	
nous	nageassions	nageons
vous	nageassiez	nagez
ils	nageassent	

Auxiliaire	**Participe passé**	**Participe présent**
avoir	nagé	nageant

NAÎTRE
to be born
Irregular –re verb

	Présent	Subjonctif
je	nais	naisse
tu	nais	naisses
il	naît	naisse
nous	naissons	naissions
vous	naissez	naissiez
ils	naissent	naissent

	Imparfait	Passé simple
je	naissais	naquis
tu	naissais	naquis
il	naissait	naquit
nous	naissions	naquîmes
vous	naissiez	naquîtes
ils	naissaient	naquirent

	Futur	Conditionnel
je	naîtrai	naîtrais
tu	naîtras	naîtrais
il	naîtra	naîtrait
nous	naîtrons	naîtrions
vous	naîtrez	naîtriez
ils	naîtront	naîtraient

	Imparfait du subjonctif	Impératif
je	naquisse	
tu	naquisses	nais
il	naquît	
nous	naquissions	naissons
vous	naquissiez	naissez
ils	naquissent	

Auxiliaire	Participe passé	Participe présent
être	né	naissant

NEIGER

to snow

Impersonal irregular verb and spelling-change (G > GE) –er verb

	Présent	**Subjonctif**
il	neige	neige

	Imparfait	**Passé simple**
il	neigeait	neigea

	Futur	**Conditionnel**
il	neigera	neigerait

	Imparfait du subjonctif	**Impératif**
il	neigeât	qu'il neige

Auxiliaire	**Participe passé**	**Participe présent**
avoir	neigé	neigeant

NETTOYER
to clean
Stem-changing (Y > I) –er verb

	Présent	**Subjonctif**
je	nettoie	nettoie
tu	nettoies	nettoies
il	nettoie	nettoie
nous	nettoyons	nettoyions
vous	nettoyez	nettoyiez
ils	nettoient	nettoient

	Imparfait	**Passé simple**
je	nettoyais	nettoyai
tu	nettoyais	nettoyas
il	nettoyait	nettoya
nous	nettoyions	nettoyâmes
vous	nettoyiez	nettoyâtes
ils	nettoyaient	nettoyèrent

	Futur	**Conditionnel**
je	nettoierai	nettoierais
tu	nettoieras	nettoierais
il	nettoiera	nettoierait
nous	nettoierons	nettoierions
vous	nettoierez	nettoieriez
ils	nettoieront	nettoieraient

	Imparfait du subjonctif	**Impératif**
je	nettoyasse	
tu	nettoyasses	nettoie
il	nettoyât	
nous	nettoyassions	nettoyons
vous	nettoyassiez	nettoyez
ils	nettoyassent	

Auxiliaire	**Participe passé**	**Participe présent**
avoir	nettoyé	nettoyant

OBTENIR
to obtain
Irregular –ir verb

	Présent	**Subjonctif**
j'	obtiens	obtienne
tu	obtiens	obtiennes
il	obtient	obtienne
nous	obtenons	obtenions
vous	obtenez	obteniez
ils	obtiennent	obtiennent

	Imparfait	**Passé simple**
j'	obtenais	obtins
tu	obtenais	obtins
il	obtenait	obtint
nous	obtenions	obtînmes
vous	obteniez	obtîntes
ils	obtenaient	obtinrent

	Futur	**Conditionnel**
j'	obtiendrai	obtiendrais
tu	obtiendras	obtiendrais
il	obtiendra	obtiendrait
nous	obtiendrons	obtiendrions
vous	obtiendrez	obtiendriez
ils	obtiendront	obtiendraient

	Imparfait du subjonctif	**Impératif**
j'	obtinsse	
tu	obtinsses	obtiens
il	obtînt	
nous	obtinssions	obtenons
vous	obtinssiez	obtenez
ils	obtinssent	

Auxiliaire	**Participe passé**	**Participe présent**
avoir	obtenu	obtenant

OFFRIR
to offer
Irregular –*ir* verb

	Présent	**Subjonctif**
j'	offre	offre
tu	offres	offres
il	offre	offre
nous	offrons	offrions
vous	offrez	offriez
ils	offrent	offrent

	Imparfait	**Passé simple**
j'	offrais	offris
tu	offrais	offris
il	offrait	offrit
nous	offrions	offrîmes
vous	offriez	offrîtes
ils	offraient	offrirent

	Futur	**Conditionnel**
j'	offrirai	offrirais
tu	offriras	offrirais
il	offrira	offrirait
nous	offrirons	offririons
vous	offrirez	offririez
ils	offriront	offriraient

	Imparfait du subjonctif	**Impératif**
j'	offrisse	
tu	offrisses	offre
il	offrît	
nous	offrissions	offrons
vous	offrissiez	offrez
ils	offrissent	

Auxiliaire	**Participe passé**	**Participe présent**
avoir	offert	offrant

OSER
to dare
Regular *–er* verb

	Présent	**Subjonctif**
j'	ose	ose
tu	oses	oses
il	ose	ose
nous	osons	osions
vous	osez	osiez
ils	osent	osent

	Imparfait	**Passé simple**
j'	osais	osai
tu	osais	osas
il	osait	osa
nous	osions	osâmes
vous	osiez	osâtes
ils	osaient	osèrent

	Futur	**Conditionnel**
j'	oserai	oserais
tu	oseras	oserais
il	osera	oserait
nous	oserons	oserions
vous	oserez	oseriez
ils	oseront	oseraient

	Imparfait du subjonctif	**Impératif**
j'	osasse	
tu	osasses	ose
il	osât	
nous	osassions	osons
vous	osassiez	osez
ils	osassent	

Auxiliaire	**Participe passé**	**Participe présent**
avoir	osé	osant

OUBLIER
to forget
Regular −er verb

	Présent	Subjonctif
j'	oublie	oublie
tu	oublies	oublies
il	oublie	oublie
nous	oublions	oubliions
vous	oubliez	oubliiez
ils	oublient	oublient

	Imparfait	Passé simple
j'	oubliais	oubliai
tu	oubliais	oublias
il	oubliait	oublia
nous	oubliions	oubliâmes
vous	oubliiez	oubliâtes
ils	oubliaient	oublièrent

	Futur	Conditionnel
j'	oublierai	oublierais
tu	oublieras	oublierais
il	oubliera	oublierait
nous	oublierons	oublierions
vous	oublierez	oublieriez
ils	oublieront	oublieraient

	Imparfait du subjonctif	Impératif
j'	oubliasse	
tu	oubliasses	oublie
il	oubliât	
nous	oubliassions	oublions
vous	oubliassiez	oubliez
ils	oubliassent	

Auxiliaire	Participe passé	Participe présent
avoir	oublié	oubliant

OUVRIR
to open
Irregular –ir verb

	Présent	**Subjonctif**
j'	ouvre	ouvre
tu	ouvres	ouvres
il	ouvre	ouvre
nous	ouvrons	ouvrions
vous	ouvrez	ouvriez
ils	ouvrent	ouvrent

	Imparfait	**Passé simple**
j'	ouvrais	ouvris
tu	ouvrais	ouvris
il	ouvrait	ouvrit
nous	ouvrions	ouvrîmes
vous	ouvriez	ouvrîtes
ils	ouvraient	ouvrirent

	Futur	**Conditionnel**
j'	ouvrirai	ouvrirais
tu	ouvriras	ouvrirais
il	ouvrira	ouvrirait
nous	ouvrirons	ouvririons
vous	ouvrirez	ouvririez
ils	ouvriront	ouvriraient

	Imparfait du subjonctif	**Impératif**
j'	ouvrisse	
tu	ouvrisses	ouvre
il	ouvrît	
nous	ouvrissions	ouvrons
vous	ouvrissiez	ouvrez
ils	ouvrissent	

Auxiliaire	**Participe passé**	**Participe présent**
avoir	ouvert	ouvrant

PARAÎTRE
to appear, seem
Irregular –re verb

	Présent	**Subjonctif**
je	parais	paraisse
tu	parais	paraisses
il	paraît	paraisse
nous	paraissons	paraissions
vous	paraissez	paraissiez
ils	paraissent	paraissent

	Imparfait	**Passé simple**
je	paraissais	parus
tu	paraissais	parus
il	paraissait	parut
nous	paraissions	parûmes
vous	paraissiez	parûtes
ils	paraissaient	parurent

	Futur	**Conditionnel**
je	paraîtrai	paraîtrais
tu	paraîtras	paraîtrais
il	paraîtra	paraîtrait
nous	paraîtrons	paraîtrions
vous	paraîtrez	paraîtriez
ils	paraîtront	paraîtraient

	Imparfait du subjonctif	**Impératif**
je	parusse	
tu	parusses	parais
il	parût	
nous	parussions	paraissons
vous	parussiez	paraissez
ils	parussent	

Auxiliaire	**Participe passé**	**Participe présent**
avoir	paru	paraissant

PARDONNER
to pardon, forgive
Regular –er verb

	Présent	**Subjonctif**
je	pardonne	pardonne
tu	pardonnes	pardonnes
il	pardonne	pardonne
nous	pardonnons	pardonnions
vous	pardonnez	pardonniez
ils	pardonnent	pardonnent

	Imparfait	**Passé simple**
je	pardonnais	pardonnai
tu	pardonnais	pardonnas
il	pardonnait	pardonna
nous	pardonnions	pardonnâmes
vous	pardonniez	pardonnâtes
ils	pardonnaient	pardonnèrent

	Futur	**Conditionnel**
je	pardonnerai	pardonnerais
tu	pardonneras	pardonnerais
il	pardonnera	pardonnerait
nous	pardonnerons	pardonnerions
vous	pardonnerez	pardonneriez
ils	pardonneront	pardonneraient

	Imparfait du subjonctif	**Impératif**
je	pardonnasse	
tu	pardonnasses	pardonne
il	pardonnât	
nous	pardonnassions	pardonnons
vous	pardonnassiez	pardonnez
ils	pardonnassent	

Auxiliaire	**Participe passé**	**Participe présent**
avoir	pardonné	pardonnant

PARLER
to talk, speak
Regular –er verb

	Présent	Subjonctif
je	parle	parle
tu	parles	parles
il	parle	parle
nous	parlons	parlions
vous	parlez	parliez
ils	parlent	parlent

	Imparfait	Passé simple
je	parlais	parlai
tu	parlais	parlas
il	parlait	parla
nous	parlions	parlâmes
vous	parliez	parlâtes
ils	parlaient	parlèrent

	Futur	Conditionnel
je	parlerai	parlerais
tu	parleras	parlerais
il	parlera	parlerait
nous	parlerons	parlerions
vous	parlerez	parleriez
ils	parleront	parleraient

	Imparfait du subjonctif	Impératif
je	parlasse	
tu	parlasses	parle
il	parlât	
nous	parlassions	parlons
vous	parlassiez	parlez
ils	parlassent	

Auxiliaire	Participe passé	Participe présent
avoir	parlé	parlant

PARTAGER
to share
Spelling-change (G > GE) –er verb

	Présent	**Subjonctif**
je	partage	partage
tu	partages	partages
il	partage	partage
nous	partageons	partagions
vous	partagez	partagiez
ils	partagent	partagent

	Imparfait	**Passé simple**
je	partageais	partageai
tu	partageais	partageas
il	partageait	partagea
nous	partagions	partageâmes
vous	partagiez	partageâtes
ils	partageaient	partagèrent

	Futur	**Conditionnel**
je	partagerai	partagerais
tu	partageras	partagerais
il	partagera	partagerait
nous	partagerons	partagerions
vous	partagerez	partageriez
ils	partageront	partageraient

	Imparfait du subjonctif	**Impératif**
je	partageasse	
tu	partageasses	partage
il	partageât	
nous	partageassions	partageons
vous	partageassiez	partagez
ils	partageassent	

Auxiliaire	**Participe passé**	**Participe présent**
avoir	partagé	partageant

PARTIR
to leave
Irregular –*ir* verb

	Présent	**Subjonctif**
je	pars	parte
tu	pars	partes
il	part	parte
nous	partons	partions
vous	partez	partiez
ils	partent	partent

	Imparfait	**Passé simple**
je	partais	partis
tu	partais	partis
il	partait	partit
nous	partions	partîmes
vous	partiez	partîtes
ils	partaient	partirent

	Futur	**Conditionnel**
je	partirai	partirais
tu	partiras	partirais
il	partira	partirait
nous	partirons	partirions
vous	partirez	partiriez
ils	partiront	partiraient

	Imparfait du subjonctif	**Impératif**
je	partisse	
tu	partisses	pars
il	partît	
nous	partissions	partons
vous	partissiez	partez
ils	partissent	

Auxiliaire	**Participe passé**	**Participe présent**
être	parti	partant

PASSER
to pass (by)
Regular *–er* verb
se passer: to happen

	Présent	**Subjonctif**
je	passe	passe
tu	passes	passes
il	passe	passe
nous	passons	passions
vous	passez	passiez
ils	passent	passent

	Imparfait	**Passé simple**
je	passais	passai
tu	passais	passas
il	passait	passa
nous	passions	passâmes
vous	passiez	passâtes
ils	passaient	passèrent

	Futur	**Conditionnel**
je	passerai	passerais
tu	passeras	passerais
il	passera	passerait
nous	passerons	passerions
vous	passerez	passeriez
ils	passeront	passeraient

	Imparfait du subjonctif	**Impératif**
je	passasse	
tu	passasses	passe
il	passât	
nous	passassions	passons
vous	passassiez	passez
ils	passassent	

Auxiliaire	**Participe passé**	**Participe présent**
être	passé	passant

PAYER
to pay
Optional stem-changing (Y > I) –*er* verb

	Présent	**Subjonctif**
je	paie / paye	paie / paye
tu	paies / payes	paies / payes
il	paie / paye	paie / paye
nous	payons	payions
vous	payez	payiez
ils	paient / payent	paient / payent

	Imparfait	**Passé simple**
je	payais	payai
tu	payais	payas
il	payait	paya
nous	payions	payâmes
vous	payiez	payâtes
ils	payaient	payèrent

	Futur	**Conditionnel**
je	paierai / payerai	paierais / payerais
tu	paieras / payeras	paierais / payerais
il	paiera / payera	paierait / payerait
nous	paierons / payerons	paierions / payerions
vous	paierez / payerez	paieriez / payeriez
ils	paieront / payeront	paieraient / payeraient

	Imparfait du subjonctif	**Impératif**
je	payasse	
tu	payasses	paie / paye
il	payât	
nous	payassions	payons
vous	payassiez	payez
ils	payassent	

Auxiliaire	**Participe passé**	**Participe présent**
avoir	payé	payant

PÊCHER
to fish
Regular *–er* verb

	Présent	**Subjonctif**
je	pêche	pêche
tu	pêches	pêches
il	pêche	pêche
nous	pêchons	pêchions
vous	pêchez	pêchiez
ils	pêchent	pêchent

	Imparfait	**Passé simple**
je	pêchais	pêchai
tu	pêchais	pêchas
il	pêchait	pêcha
nous	pêchions	pêchâmes
vous	pêchiez	pêchâtes
ils	pêchaient	pêchèrent

	Futur	**Conditionnel**
je	pêcherai	pêcherais
tu	pêcheras	pêcherais
il	pêchera	pêcherait
nous	pêcherons	pêcherions
vous	pêcherez	pêcheriez
ils	pêcheront	pêcheraient

	Imparfait du subjonctif	**Impératif**
je	pêchasse	
tu	pêchasses	pêche
il	pêchât	
nous	pêchassions	pêchons
vous	pêchassiez	pêchez
ils	pêchassent	

Auxiliaire	**Participe passé**	**Participe présent**
avoir	pêché	pêchant

PEINDRE
to paint
Irregular –re verb

	Présent	**Subjonctif**
je	peins	peigne
tu	peins	peignes
il	peint	peigne
nous	peignons	peignions
vous	peignez	peigniez
ils	peignent	peignent

	Imparfait	**Passé simple**
je	peignais	peignis
tu	peignais	peignis
il	peignait	peignit
nous	peignions	peignîmes
vous	peigniez	peignîtes
ils	peignaient	peignirent

	Futur	**Conditionnel**
je	peindrai	peindrais
tu	peindras	peindrais
il	peindra	peindrait
nous	peindrons	peindrions
vous	peindrez	peindriez
ils	peindront	peindraient

	Imparfait du subjonctif	**Impératif**
je	peignisse	
tu	peignisses	peins
il	peignît	
nous	peignissions	peignons
vous	peignissiez	peignez
ils	peignissent	

Auxiliaire	**Participe passé**	**Participe présent**
avoir	peint	peignant

PENSER
to think
Regular *–er* verb

	Présent	**Subjonctif**
je	pense	pense
tu	penses	penses
il	pense	pense
nous	pensons	pensions
vous	pensez	pensiez
ils	pensent	pensent

	Imparfait	**Passé simple**
je	pensais	pensai
tu	pensais	pensas
il	pensait	pensa
nous	pensions	pensâmes
vous	pensiez	pensâtes
ils	pensaient	pensèrent

	Futur	**Conditionnel**
je	penserai	penserais
tu	penseras	penserais
il	pensera	penserait
nous	penserons	penserions
vous	penserez	penseriez
ils	penseront	penseraient

	Imparfait du subjonctif	**Impératif**
je	pensasse	
tu	pensasses	pense
il	pensât	
nous	pensassions	pensons
vous	pensassiez	pensez
ils	pensassent	

Auxiliaire	**Participe passé**	**Participe présent**
avoir	pensé	pensant

PERMETTRE
to permit
Irregular –re verb

	Présent	**Subjonctif**
je	permets	permette
tu	permets	permettes
il	permet	permette
nous	permettons	permettions
vous	permettez	permettiez
ils	permettent	permettent

	Imparfait	**Passé simple**
je	permettais	permis
tu	permettais	permis
il	permettait	permit
nous	permettions	permîmes
vous	permettiez	permîtes
ils	permettaient	permirent

	Futur	**Conditionnel**
je	permettrai	permettrais
tu	permettras	permettrais
il	permettra	permettrait
nous	permettrons	permettrions
vous	permettrez	permettriez
ils	permettront	permettraient

	Imparfait du subjonctif	**Impératif**
je	permisse	
tu	permisses	permets
il	permît	
nous	permissions	permettons
vous	permissiez	permettez
ils	permissent	

Auxiliaire	**Participe passé**	**Participe présent**
avoir	permis	permettant

PESER
to weigh
Stem-changing (E > È) *–er* verb

	Présent	**Subjonctif**
je	pèse	pèse
tu	pèses	pèses
il	pèse	pèse
nous	pesons	pesions
vous	pesez	pesiez
ils	pèsent	pèsent

	Imparfait	**Passé simple**
je	pesais	pesai
tu	pesais	pesas
il	pesait	pesa
nous	pesions	pesâmes
vous	pesiez	pesâtes
ils	pesaient	pesèrent

	Futur	**Conditionnel**
je	pèserai	pèserais
tu	pèseras	pèserais
il	pèsera	pèserait
nous	pèserons	pèserions
vous	pèserez	pèseriez
ils	pèseront	pèseraient

	Imparfait du subjonctif	**Impératif**
je	pesasse	
tu	pesasses	pèse
il	pesât	
nous	pesassions	pesons
vous	pesassiez	pesez
ils	pesassent	

Auxiliaire	**Participe passé**	**Participe présent**
avoir	pesé	pesant

PLAIRE
to please
Irregular –re verb

	Présent	**Subjonctif**
je	plais	plaise
tu	plais	plaises
il	plaît	plaise
nous	plaisons	plaisions
vous	plaisez	plaisiez
ils	plaisent	plaisent

	Imparfait	**Passé simple**
je	plaisais	plus
tu	plaisais	plus
il	plaisait	plut
nous	plaisions	plûmes
vous	plaisiez	plûtes
ils	plaisaient	plurent

	Futur	**Conditionnel**
je	plairai	plairais
tu	plairas	plairais
il	plaira	plairait
nous	plairons	plairions
vous	plairez	plairiez
ils	plairont	plairaient

	Imparfait du subjonctif	**Impératif**
je	plusse	
tu	plusses	plais
il	plût	
nous	plussions	plaisons
vous	plussiez	plaisez
ils	plussent	

Auxiliaire	**Participe passé**	**Participe présent**
avoir	plu	plaisant

PLEURER
to cry
Regular *–er* verb

	Présent	**Subjonctif**
je	pleure	pleure
tu	pleures	pleures
il	pleure	pleure
nous	pleurons	pleurions
vous	pleurez	pleuriez
ils	pleurent	pleurent

	Imparfait	**Passé simple**
je	pleurais	pleurai
tu	pleurais	pleuras
il	pleurait	pleura
nous	pleurions	pleurâmes
vous	pleuriez	pleurâtes
ils	pleuraient	pleurèrent

	Futur	**Conditionnel**
je	pleurerai	pleurerais
tu	pleureras	pleurerais
il	pleurera	pleurerait
nous	pleurerons	pleurerions
vous	pleurerez	pleureriez
ils	pleureront	pleureraient

	Imparfait du subjonctif	**Impératif**
je	pleurasse	
tu	pleurasses	pleure
il	pleurât	
nous	pleurassions	pleurons
vous	pleurassiez	pleurez
ils	pleurassent	

Auxiliaire	**Participe passé**	**Participe présent**
avoir	pleuré	pleurant

PLEUVOIR
to rain
Impersonal irregular –ir verb

	Présent	**Subjonctif**
il	pleut	pleuve

	Imparfait	**Passé simple**
il	pleuvait	plut

	Futur	**Conditionnel**
il	pleuvra	pleuvrait

	Imparfait du subjonctif	**Impératif**
il	plût	
	qu'il pleuve	–

Auxiliaire	**Participe passé**	**Participe présent**
avoir	plu	pleuvant

POSER
to put, to ask (a question)
Regular –er verb

	Présent	**Subjonctif**
je	pose	pose
tu	poses	poses
il	pose	pose
nous	posons	posions
vous	posez	posiez
ils	posent	posent

	Imparfait	**Passé simple**
je	posais	posai
tu	posais	posas
il	posait	posa
nous	posions	posâmes
vous	posiez	posâtes
ils	posaient	posèrent

	Futur	**Conditionnel**
je	poserai	poserais
tu	poseras	poserais
il	posera	poserait
nous	poserons	poserions
vous	poserez	poseriez
ils	poseront	poseraient

	Imparfait du subjonctif	**Impératif**
je	posasse	
tu	posasses	pose
il	posât	
nous	posassions	posons
vous	posassiez	posez
ils	posassent	

Auxiliaire	**Participe passé**	**Participe présent**
avoir	posé	posant

POUVOIR
can, may, to be able to
Irregular *–ir* verb

	Présent	**Subjonctif**
je	peux / puis	puisse
tu	peux	puisses
il	peut	puisse
nous	pouvons	puissions
vous	pouvez	puissiez
ils	peuvent	puissent

	Imparfait	**Passé simple**
je	pouvais	pus
tu	pouvais	pus
il	pouvait	put
nous	pouvions	pûmes
vous	pouviez	pûtes
ils	pouvaient	purent

	Futur	**Conditionnel**
je	pourrai	pourrais
tu	pourras	pourrais
il	pourra	pourrait
nous	pourrons	pourrions
vous	pourrez	pourriez
ils	pourront	pourraient

	Imparfait du subjonctif	**Impératif**
je	pusse	
tu	pusses	–
il	pût	
nous	pussions	–
vous	pussiez	–
ils	pussent	

Auxiliaire	**Participe passé**	**Participe présent**
avoir	pu	pouvant

PRÉDIRE
to predict
Irregular –re verb

	Présent	**Subjonctif**
je	prédis	prédise
tu	prédis	prédises
il	prédit	prédise
nous	prédisons	prédisions
vous	prédisez	prédisiez
ils	prédisent	prédisent

	Imparfait	**Passé simple**
je	prédisais	prédis
tu	prédisais	prédis
il	prédisait	prédit
nous	prédisions	prédîmes
vous	prédisiez	prédîtes
ils	prédisaient	prédirent

	Futur	**Conditionnel**
je	prédirai	prédirais
tu	prédiras	prédirais
il	prédira	prédirait
nous	prédirons	prédirions
vous	prédirez	prédiriez
ils	prédiront	prédiraient

	Imparfait du subjonctif	**Impératif**
je	prédisse	
tu	prédisses	prédis
il	prédît	
nous	prédissions	prédisons
vous	prédissiez	prédisez
ils	prédissent	

Auxiliaire	**Participe passé**	**Participe présent**
avoir	prédit	prédisant

PRÉFÉRER
to prefer
Stem-changing (É > È) –er verb

	Présent	**Subjonctif**
je	préfère	préfère
tu	préfères	préfères
il	préfère	préfère
nous	préférons	préférions
vous	préférez	préfériez
ils	préfèrent	préfèrent

	Imparfait	**Passé simple**
je	préférais	préférai
tu	préférais	préféras
il	préférait	préféra
nous	préférions	préférâmes
vous	préfériez	préférâtes
ils	préféraient	préférèrent

	Futur	**Conditionnel**
je	préférerai	préférerais
tu	préféreras	préférerais
il	préférera	préférerait
nous	préférerons	préférerions
vous	préférerez	préféreriez
ils	préféreront	préféreraient

	Imparfait du subjonctif	**Impératif**
je	préférasse	
tu	préférasses	préfère
il	préférât	
nous	préférassions	préférons
vous	préférassiez	préférez
ils	préférassent	

Auxiliaire	**Participe passé**	**Participe présent**
avoir	préféré	préférant

PRENDRE
to take
Irregular –re verb

	Présent	**Subjonctif**
je	prends	prenne
tu	prends	prennes
il	prend	prenne
nous	prenons	prenions
vous	prenez	preniez
ils	prennent	prennent

	Imparfait	**Passé simple**
je	prenais	pris
tu	prenais	pris
il	prenait	prit
nous	prenions	prîmes
vous	preniez	prîtes
ils	prenaient	prirent

	Futur	**Conditionnel**
je	prendrai	prendrais
tu	prendras	prendrais
il	prendra	prendrait
nous	prendrons	prendrions
vous	prendrez	prendriez
ils	prendront	prendraient

	Imparfait du subjonctif	**Impératif**
je	prisse	
tu	prisses	prends
il	prît	
nous	prissions	prenons
vous	prissiez	prenez
ils	prissent	

Auxiliaire	**Participe passé**	**Participe présent**
avoir	pris	prenant

PRÉSENTER
to present, introduce
Regular –er verb

	Présent	Subjonctif
je	présente	présente
tu	présentes	présentes
il	présente	présente
nous	présentons	présentions
vous	présentez	présentiez
ils	présentent	présentent

	Imparfait	Passé simple
je	présentais	présentai
tu	présentais	présentas
il	présentait	présenta
nous	présentions	présentâmes
vous	présentiez	présentâtes
ils	présentaient	présentèrent

	Futur	Conditionnel
je	présenterai	présenterais
tu	présenteras	présenterais
il	présentera	présenterait
nous	présenterons	présenterions
vous	présenterez	présenteriez
ils	présenteront	présenteraient

	Imparfait du subjonctif	Impératif
je	présentasse	
tu	présentasses	présente
il	présentât	
nous	présentassions	présentons
vous	présentassiez	présentez
ils	présentassent	

Auxiliaire	Participe passé	Participe présent
avoir	présenté	présentant

PRÉVOIR
to foresee
Irregular –ir verb

	Présent	**Subjonctif**
je	prévois	prévoie
tu	prévois	prévoies
il	prévoit	prévoie
nous	prévoyons	prévoyions
vous	prévoyez	prévoyiez
ils	prévoient	prévoient

	Imparfait	**Passé simple**
je	prévoyais	prévis
tu	prévoyais	prévis
il	prévoyait	prévit
nous	prévoyions	prévîmes
vous	prévoyiez	prévîtes
ils	prévoyaient	prévirent

	Futur	**Conditionnel**
je	prévoirai	prévoirais
tu	prévoiras	prévoirais
il	prévoira	prévoirait
nous	prévoirons	prévoirions
vous	prévoirez	prévoiriez
ils	prévoiront	prévoiraient

	Imparfait du subjonctif	**Impératif**
je	prévisse	
tu	prévisses	prévois
il	prévît	
nous	prévissions	prévoyons
vous	prévissiez	prévoyez
ils	prévissent	

Auxiliaire	**Participe passé**	**Participe présent**
avoir	prévu	prévoyant

PROMETTRE
to promise
Irregular –re verb

	Présent	**Subjonctif**
je	promets	promette
tu	promets	promettes
il	promet	promette
nous	promettons	promettions
vous	promettez	promettiez
ils	promettent	promettent

	Imparfait	**Passé simple**
je	promettais	promis
tu	promettais	promis
il	promettait	promit
nous	promettions	promîmes
vous	promettiez	promîtes
ils	promettaient	promirent

	Futur	**Conditionnel**
je	promettrai	promettrais
tu	promettras	promettrais
il	promettra	promettrait
nous	promettrons	promettrions
vous	promettrez	promettriez
ils	promettront	promettraient

	Imparfait du subjonctif	**Impératif**
je	promisse	
tu	promisses	promets
il	promît	
nous	promissions	promettons
vous	promissiez	promettez
ils	promissent	

Auxiliaire	**Participe passé**	**Participe présent**
avoir	promis	promettant

PROTÉGER
to protect
Stem-changing (É > È) and spelling-change (G > GE) –er verb

	Présent	**Subjonctif**
je	protège	protège
tu	protèges	protèges
il	protège	protège
nous	protégeons	protégions
vous	protégez	protégiez
ils	protègent	protègent

	Imparfait	**Passé simple**
je	protégeais	protégeai
tu	protégeais	protégeas
il	protégeait	protégea
nous	protégions	protégeâmes
vous	protégiez	protégeâtes
ils	protégeaient	protégèrent

	Futur	**Conditionnel**
je	protégerai	protégerais
tu	protégeras	protégerais
il	protégera	protégerait
nous	protégerons	protégerions
vous	protégerez	protégeriez
ils	protégeront	protégeraient

	Imparfait du subjonctif	**Impératif**
je	protégeasse	
tu	protégeasses	protège
il	protégeât	
nous	protégeassions	protégeons
vous	protégeassiez	protégez
ils	protégeassent	

Auxiliaire	**Participe passé**	**Participe présent**
avoir	protégé	protégeant

QUITTER
to leave
Regular –er verb

	Présent	**Subjonctif**
je	quitte	quitte
tu	quittes	quittes
il	quitte	quitte
nous	quittons	quittions
vous	quittez	quittiez
ils	quittent	quittent

	Imparfait	**Passé simple**
je	quittais	quittai
tu	quittais	quittas
il	quittait	quitta
nous	quittions	quittâmes
vous	quittiez	quittâtes
ils	quittaient	quittèrent

	Futur	**Conditionnel**
je	quitterai	quitterais
tu	quitteras	quitterais
il	quittera	quitterait
nous	quitterons	quitterions
vous	quitterez	quitteriez
ils	quitteront	quitteraient

	Imparfait du subjonctif	**Impératif**
je	quittasse	
tu	quittasses	quitte
il	quittât	
nous	quittassions	quittons
vous	quittassiez	quittez
ils	quittassent	

Auxiliaire	**Participe passé**	**Participe présent**
avoir	quitté	quittant

RACONTER
to tell, recount
Regular –er verb

	Présent	**Subjonctif**
je	raconte	raconte
tu	racontes	racontes
il	raconte	raconte
nous	racontons	racontions
vous	racontez	racontiez
ils	racontent	racontent

	Imparfait	**Passé simple**
je	racontais	racontai
tu	racontais	racontas
il	racontait	raconta
nous	racontions	racontâmes
vous	racontiez	racontâtes
ils	racontaient	racontèrent

	Futur	**Conditionnel**
je	raconterai	raconterais
tu	raconteras	raconterais
il	racontera	raconterait
nous	raconterons	raconterions
vous	raconterez	raconteriez
ils	raconteront	raconteraient

	Imparfait du subjonctif	**Impératif**
je	racontasse	
tu	racontasses	raconte
il	racontât	
nous	racontassions	racontons
vous	racontassiez	racontez
ils	racontassent	

Auxiliaire	**Participe passé**	**Participe présent**
avoir	raconté	racontant

RAPPELER
to recall, to call back
Stem-changing (L > LL) –er verb
se rappeler: to remember

	Présent	**Subjonctif**
je	rappelle	rappelle
tu	rappelles	rappelles
il	rappelle	rappelle
nous	rappelons	rappelions
vous	rappelez	rappeliez
ils	rappellent	rappellent

	Imparfait	**Passé simple**
je	rappelais	rappelai
tu	rappelais	rappelas
il	rappelait	rappela
nous	rappelions	rappelâmes
vous	rappeliez	rappelâtes
ils	rappelaient	rappelèrent

	Futur	**Conditionnel**
je	rappellerai	rappellerais
tu	rappelleras	rappellerais
il	rappellera	rappellerait
nous	rappellerons	rappellerions
vous	rappellerez	rappelleriez
ils	rappelleront	rappelleraient

	Imparfait du subjonctif	**Impératif**
je	rappelasse	
tu	rappelasses	rappelle
il	rappelât	
nous	rappelassions	rappelons
vous	rappelassiez	rappelez
ils	rappelassent	

Auxiliaire	**Participe passé**	**Participe présent**
avoir	rappelé	rappelant

RATER
to miss; to fail
Regular –*er* verb

	Présent	**Subjonctif**
je	rate	rate
tu	rates	rates
il	rate	rate
nous	ratons	rations
vous	ratez	ratiez
ils	ratent	ratent

	Imparfait	**Passé simple**
je	ratais	ratai
tu	ratais	ratas
il	ratait	rata
nous	rations	ratâmes
vous	ratiez	ratâtes
ils	rataient	ratèrent

	Futur	**Conditionnel**
je	raterai	raterais
tu	rateras	raterais
il	ratera	raterait
nous	raterons	raterions
vous	raterez	rateriez
ils	rateront	rateraient

	Imparfait du subjonctif	**Impératif**
je	ratasse	
tu	ratasses	rate
il	ratât	
nous	ratassions	ratons
vous	ratassiez	ratez
ils	ratassent	

Auxiliaire	**Participe passé**	**Participe présent**
avoir	raté	ratant

RECEVOIR
to receive
Irregular –ir verb

	Présent	Subjonctif
je	reçois	reçoive
tu	reçois	reçoives
il	reçoit	reçoive
nous	recevons	recevions
vous	recevez	receviez
ils	reçoivent	reçoivent

	Imparfait	Passé simple
je	recevais	reçus
tu	recevais	reçus
il	recevait	reçut
nous	recevions	reçûmes
vous	receviez	reçûtes
ils	recevaient	reçurent

	Futur	Conditionnel
je	recevrai	recevrais
tu	recevras	recevrais
il	recevra	recevrait
nous	recevrons	recevrions
vous	recevrez	recevriez
ils	recevront	recevraient

	Imparfait du subjonctif	Impératif
je	reçusse	
tu	reçusses	reçois
il	reçût	
nous	reçussions	recevons
vous	reçussiez	recevez
ils	reçussent	

Auxiliaire	Participe passé	Participe présent
avoir	reçu	recevant

REGARDER
to look, to watch
Regular –er verb

	Présent	**Subjonctif**
je	regarde	regarde
tu	regardes	regardes
il	regarde	regarde
nous	regardons	regardions
vous	regardez	regardiez
ils	regardent	regardent

	Imparfait	**Passé simple**
je	regardais	regardai
tu	regardais	regardas
il	regardait	regarda
nous	regardions	regardâmes
vous	regardiez	regardâtes
ils	regardaient	regardèrent

	Futur	**Conditionnel**
je	regarderai	regarderais
tu	regarderas	regarderais
il	regardera	regarderait
nous	regarderons	regarderions
vous	regarderez	regarderiez
ils	regarderont	regarderaient

	Imparfait du subjonctif	**Impératif**
je	regardasse	
tu	regardasses	regarde
il	regardât	
nous	regardassions	regardons
vous	regardassiez	regardez
ils	regardassent	

Auxiliaire	**Participe passé**	**Participe présent**
avoir	regardé	regardant

REMPLIR
to fill
Regular –*ir* verb

	Présent	**Subjonctif**
je	remplis	remplisse
tu	remplis	remplisses
il	remplit	remplisse
nous	remplissons	remplissions
vous	remplissez	remplissiez
ils	remplissent	remplissent

	Imparfait	**Passé simple**
je	remplissais	remplis
tu	remplissais	remplis
il	remplissait	remplit
nous	remplissions	remplîmes
vous	remplissiez	remplîtes
ils	remplissaient	remplirent

	Futur	**Conditionnel**
je	remplirai	remplirais
tu	rempliras	remplirais
il	remplira	remplirait
nous	remplirons	remplirions
vous	remplirez	rempliriez
ils	rempliront	rempliraient

	Imparfait du subjonctif	**Impératif**
je	remplisse	
tu	remplisses	remplis
il	remplît	
nous	remplissions	remplissons
vous	remplissiez	remplissez
ils	remplissent	

Auxiliaire	**Participe passé**	**Participe présent**
avoir	rempli	remplissant

RENCONTRER
to meet; to find
Regular –er verb

	Présent	**Subjonctif**
je	rencontre	rencontre
tu	rencontres	rencontres
il	rencontre	rencontre
nous	rencontrons	rencontrions
vous	rencontrez	rencontriez
ils	rencontrent	rencontrent

	Imparfait	**Passé simple**
je	rencontrais	rencontrai
tu	rencontrais	rencontras
il	rencontrait	rencontra
nous	rencontrions	rencontrâmes
vous	rencontriez	rencontrâtes
ils	rencontraient	rencontrèrent

	Futur	**Conditionnel**
je	rencontrerai	rencontrerais
tu	rencontreras	rencontrerais
il	rencontrera	rencontrerait
nous	rencontrerons	rencontrerions
vous	rencontrerez	rencontreriez
ils	rencontreront	rencontreraient

	Imparfait du subjonctif	**Impératif**
je	rencontrasse	
tu	rencontrasses	rencontre
il	rencontrât	
nous	rencontrassions	rencontrons
vous	rencontrassiez	rencontrez
ils	rencontrassent	

Auxiliaire	**Participe passé**	**Participe présent**
avoir	rencontré	rencontrant

RENDRE
to return, give back
Regular –re verb

	Présent	**Subjonctif**
je	rends	rende
tu	rends	rendes
il	rend	rende
nous	rendons	rendions
vous	rendez	rendiez
ils	rendent	rendent

	Imparfait	**Passé simple**
je	rendais	rendis
tu	rendais	rendis
il	rendait	rendit
nous	rendions	rendîmes
vous	rendiez	rendîtes
ils	rendaient	rendirent

	Futur	**Conditionnel**
je	rendrai	rendrais
tu	rendras	rendrais
il	rendra	rendrait
nous	rendrons	rendrions
vous	rendrez	rendriez
ils	rendront	rendraient

	Imparfait du subjonctif	**Impératif**
je	rendisse	
tu	rendisses	rends
il	rendît	
nous	rendissions	rendons
vous	rendissiez	rendez
ils	rendissent	

Auxiliaire	**Participe passé**	**Participe présent**
avoir	rendu	rendant

RENTRER
to return home
Regular *–er* verb

	Présent	**Subjonctif**
je	rentre	rentre
tu	rentres	rentres
il	rentre	rentre
nous	rentrons	rentrions
vous	rentrez	rentriez
ils	rentrent	rentrent

	Imparfait	**Passé simple**
je	rentrais	rentrai
tu	rentrais	rentras
il	rentrait	rentra
nous	rentrions	rentrâmes
vous	rentriez	rentrâtes
ils	rentraient	rentrèrent

	Futur	**Conditionnel**
je	rentrerai	rentrerais
tu	rentreras	rentrerais
il	rentrera	rentrerait
nous	rentrerons	rentrerions
vous	rentrerez	rentreriez
ils	rentreront	rentreraient

	Imparfait du subjonctif	**Impératif**
je	rentrasse	
tu	rentrasses	rentre
il	rentrât	
nous	rentrassions	rentrons
vous	rentrassiez	rentrez
ils	rentrassent	

Auxiliaire	**Participe passé**	**Participe présent**
être	rentré	rentrant

REPASSER
to iron; to stop by again
Regular –er verb

	Présent	**Subjonctif**
je	repasse	repasse
tu	repasses	repasses
il	repasse	repasse
nous	repassons	repassions
vous	repassez	repassiez
ils	repassent	repassent

	Imparfait	**Passé simple**
je	repassais	repassai
tu	repassais	repassas
il	repassait	repassa
nous	repassions	repassâmes
vous	repassiez	repassâtes
ils	repassaient	repassèrent

	Futur	**Conditionnel**
je	repasserai	repasserais
tu	repasseras	repasserais
il	repassera	repasserait
nous	repasserons	repasserions
vous	repasserez	repasseriez
ils	repasseront	repasseraient

	Imparfait du subjonctif	**Impératif**
je	repassasse	
tu	repassasses	repasse
il	repassât	
nous	repassassions	repassons
vous	repassassiez	repassez
ils	repassassent	

Auxiliaire	**Participe passé**	**Participe présent**
avoir	repassé	repassant

RÉPÉTER
to repeat
Stem-changing (É > È) –*er* verb

	Présent	**Subjonctif**
je	répète	répète
tu	répètes	répètes
il	répète	répète
nous	répétons	répétions
vous	répétez	répétiez
ils	répètent	répètent

	Imparfait	**Passé simple**
je	répétais	répétai
tu	répétais	répétas
il	répétait	répéta
nous	répétions	répétâmes
vous	répétiez	répétâtes
ils	répétaient	répétèrent

	Futur	**Conditionnel**
je	répéterai	répéterais
tu	répéteras	répéterais
il	répétera	répéterait
nous	répéterons	répéterions
vous	répéterez	répéteriez
ils	répéteront	répéteraient

	Imparfait du subjonctif	**Impératif**
je	répétasse	
tu	répétasses	répète
il	répétât	
nous	répétassions	répétons
vous	répétassiez	répétez
ils	répétassent	

Auxiliaire	**Participe passé**	**Participe présent**
avoir	répété	répétant

RÉSOUDRE
to resolve
Irregular –*re* verb

	Présent	**Subjonctif**
je	résous	résolve
tu	résous	résolves
il	résout	résolve
nous	résolvons	résolvions
vous	résolvez	résolviez
ils	résolvent	résolvent

	Imparfait	**Passé simple**
je	résolvais	résolus
tu	résolvais	résolus
il	résolvait	résolut
nous	résolvions	résolûmes
vous	résolviez	résolûtes
ils	résolvaient	résolurent

	Futur	**Conditionnel**
je	résoudrai	résoudrais
tu	résoudras	résoudrais
il	résoudra	résoudrait
nous	résoudrons	résoudrions
vous	résoudrez	résoudriez
ils	résoudront	résoudraient

	Imparfait du subjonctif	**Impératif**
je	résolusse	
tu	résolusses	résous
il	résolût	
nous	résolussions	résolvons
vous	résolussiez	résolvez
ils	résolussent	

Auxiliaire	**Participe passé**	**Participe présent**
avoir	résolu	résolvant

RESTER
to stay; to be left
Regular *–er* verb

	Présent	**Subjonctif**
je	reste	reste
tu	restes	restes
il	reste	reste
nous	restons	restions
vous	restez	restiez
ils	restent	restent

	Imparfait	**Passé simple**
je	restais	restai
tu	restais	restas
il	restait	resta
nous	restions	restâmes
vous	restiez	restâtes
ils	restaient	restèrent

	Futur	**Conditionnel**
je	resterai	resterais
tu	resteras	resterais
il	restera	resterait
nous	resterons	resterions
vous	resterez	resteriez
ils	resteront	resteraient

	Imparfait du subjonctif	**Impératif**
je	restasse	
tu	restasses	reste
il	restât	
nous	restassions	restons
vous	restassiez	restez
ils	restassent	

Auxiliaire	**Participe passé**	**Participe présent**
être	resté	restant

RETOURNER
to return, go back
Regular –er verb

	Présent	**Subjonctif**
je	retourne	retourne
tu	retournes	retournes
il	retourne	retourne
nous	retournons	retournions
vous	retournez	retourniez
ils	retournent	retournent

	Imparfait	**Passé simple**
je	retournais	retournai
tu	retournais	retournas
il	retournait	retourna
nous	retournions	retournâmes
vous	retourniez	retournâtes
ils	retournaient	retournèrent

	Futur	**Conditionnel**
je	retournerai	retournerais
tu	retourneras	retournerais
il	retournera	retournerait
nous	retournerons	retournerions
vous	retournerez	retourneriez
ils	retourneront	retourneraient

	Imparfait du subjonctif	**Impératif**
je	retournasse	
tu	retournasses	retourne
il	retournât	
nous	retournassions	retournons
vous	retournassiez	retournez
ils	retournassent	

Auxiliaire	**Participe passé**	**Participe présent**
être	retourné	retournant

RÉVEILLER
to wake s.o. up
Regular *–er* verb
se réveiller: to wake up (o.s.)

	Présent	**Subjonctif**
je	réveille	réveille
tu	réveilles	réveilles
il	réveille	réveille
nous	réveillons	réveillions
vous	réveillez	réveilliez
ils	réveillent	réveillent

	Imparfait	**Passé simple**
je	réveillais	réveillai
tu	réveillais	réveillas
il	réveillait	réveilla
nous	réveillions	réveillâmes
vous	réveilliez	réveillâtes
ils	réveillaient	réveillèrent

	Futur	**Conditionnel**
je	réveillerai	réveillerais
tu	réveilleras	réveillerais
il	réveillera	réveillerait
nous	réveillerons	réveillerions
vous	réveillerez	réveilleriez
ils	réveilleront	réveilleraient

	Imparfait du subjonctif	**Impératif**
je	réveillasse	
tu	réveillasses	réveille
il	réveillât	
nous	réveillassions	réveillons
vous	réveillassiez	réveillez
ils	réveillassent	

Auxiliaire	**Participe passé**	**Participe présent**
avoir	réveillé	réveillant

RIRE
to laugh
Irregular –*re* verb

	Présent	**Subjonctif**
je	ris	rie
tu	ris	ries
il	rit	rie
nous	rions	riions
vous	riez	riiez
ils	rient	rient

	Imparfait	**Passé simple**
je	riais	ris
tu	riais	ris
il	riait	rit
nous	riions	rîmes
vous	riiez	rîtes
ils	riaient	rirent

	Futur	**Conditionnel**
je	rirai	rirais
tu	riras	rirais
il	rira	rirait
nous	rirons	ririons
vous	rirez	ririez
ils	riront	riraient

	Imparfait du subjonctif	**Impératif**
je	risse	
tu	risses	ris
il	rît	
nous	rissions	rions
vous	rissiez	riez
ils	rissent	

Auxiliaire	**Participe passé**	**Participe présent**
avoir	ri	riant

ROMPRE
to break
Regular *–re* verb

	Présent	**Subjonctif**
je	romps	rompe
tu	romps	rompes
il	romp	rompe
nous	rompons	rompions
vous	rompez	rompiez
ils	rompent	rompent

	Imparfait	**Passé simple**
je	rompais	rompis
tu	rompais	rompis
il	rompait	rompit
nous	rompions	rompîmes
vous	rompiez	rompîtes
ils	rompaient	rompirent

	Futur	**Conditionnel**
je	romprai	romprais
tu	rompras	romprais
il	rompra	romprait
nous	romprons	romprions
vous	romprez	rompriez
ils	rompront	rompraient

	Imparfait du subjonctif	**Impératif**
je	rompisse	
tu	rompisses	romps
il	rompît	
nous	rompissions	rompons
vous	rompissiez	rompez
ils	rompissent	

Auxiliaire	**Participe passé**	**Participe présent**
avoir	rompu	rompant

SAUTER
to jump
Regular –er verb

	Présent	**Subjonctif**
je	saute	saute
tu	sautes	sautes
il	saute	saute
nous	sautons	sautions
vous	sautez	sautiez
ils	sautent	sautent

	Imparfait	**Passé simple**
je	sautais	sautai
tu	sautais	sautas
il	sautait	sauta
nous	sautions	sautâmes
vous	sautiez	sautâtes
ils	sautaient	sautèrent

	Futur	**Conditionnel**
je	sauterai	sauterais
tu	sauteras	sauterais
il	sautera	sauterait
nous	sauterons	sauterions
vous	sauterez	sauteriez
ils	sauteront	sauteraient

	Imparfait du subjonctif	**Impératif**
je	sautasse	
tu	sautasses	saute
il	sautât	
nous	sautassions	sautons
vous	sautassiez	sautez
ils	sautassent	

Auxiliaire	**Participe passé**	**Participe présent**
avoir	sauté	sautant

SAVOIR
to know
Irregular *–ir* verb

	Présent	**Subjonctif**
je	sais	sache
tu	sais	saches
il	sait	sache
nous	savons	sachions
vous	savez	sachiez
ils	savent	sachent

	Imparfait	**Passé simple**
je	savais	sus
tu	savais	sus
il	savait	sut
nous	savions	sûmes
vous	saviez	sûtes
ils	savaient	surent

	Futur	**Conditionnel**
je	saurai	saurais
tu	sauras	saurais
il	saura	saurait
nous	saurons	saurions
vous	saurez	sauriez
ils	sauront	sauraient

	Imparfait su subjonctif	**Impératif**
je	susse	
tu	susses	sache
il	sût	
nous	sussions	sachons
vous	sussiez	sachez
ils	sussent	

Auxiliaire	**Participe passé**	**Participe présent**
avoir	su	sachant

SEMBLER
to seem
Regular *–er* verb

	Présent	**Subjonctif**
je	semble	semble
tu	sembles	sembles
il	semble	semble
nous	semblons	semblions
vous	semblez	sembliez
ils	semblent	semblent

	Imparfait	**Passé simple**
je	semblais	semblai
tu	semblais	semblas
il	semblait	sembla
nous	semblions	semblâmes
vous	sembliez	semblâtes
ils	semblaient	semblèrent

	Futur	**Conditionnel**
je	semblerai	semblerais
tu	sembleras	semblerais
il	semblera	semblerait
nous	semblerons	semblerions
vous	semblerez	sembleriez
ils	sembleront	sembleraient

	Imparfait du subjonctif	**Impératif**
je	semblasse	
tu	semblasses	semble
il	semblât	
nous	semblassions	semblons
vous	semblassiez	semblez
ils	semblassent	

Auxiliaire	**Participe passé**	**Participe présent**
avoir	semblé	semblant

SENTIR
to feel; to smell
Irregular –*ir* verb

	Présent	**Subjonctif**
je	sens	sente
tu	sens	sentes
il	sent	sente
nous	sentons	sentions
vous	sentez	sentiez
ils	sentent	sentent

	Imparfait	**Passé simple**
je	sentais	sentis
tu	sentais	sentis
il	sentait	sentit
nous	sentions	sentîmes
vous	sentiez	sentîtes
ils	sentaient	sentirent

	Futur	**Conditionnel**
je	sentirai	sentirais
tu	sentiras	sentirais
il	sentira	sentirait
nous	sentirons	sentirions
vous	sentirez	sentiriez
ils	sentiront	sentiraient

	Imparfait du subjonctif	**Impératif**
je	sentisse	
tu	sentisses	sens
il	sentît	
nous	sentissions	sentons
vous	sentissiez	sentez
ils	sentissent	

Auxiliaire	**Participe passé**	**Participe présent**
avoir	senti	sentant

SERVIR
to serve
Irregular *–ir* verb

	Présent	**Subjonctif**
je	sers	serve
tu	sers	serves
il	sert	serve
nous	servons	servions
vous	servez	serviez
ils	servent	servent

	Imparfait	**Passé simple**
je	servais	servis
tu	servais	servis
il	servait	servit
nous	servions	servîmes
vous	serviez	servîtes
ils	servaient	servirent

	Futur	**Conditionnel**
je	servirai	servirais
tu	serviras	servirais
il	servira	servirait
nous	servirons	servirions
vous	servirez	serviriez
ils	serviront	serviraient

	Imparfait du subjonctif	**Impératif**
je	servisse	
tu	servisses	sers
il	servît	
nous	servissions	servons
vous	servissiez	servez
ils	servissent	

Auxiliaire	**Participe passé**	**Participe présent**
avoir	servi	servant

SONNER
to ring
Regular –*er* verb

	Présent	**Subjonctif**
je	sonne	sonne
tu	sonnes	sonnes
il	sonne	sonne
nous	sonnons	sonnions
vous	sonnez	sonniez
ils	sonnent	sonnent

	Imparfait	**Passé simple**
je	sonnais	sonnai
tu	sonnais	sonnas
il	sonnait	sonna
nous	sonnions	sonnâmes
vous	sonniez	sonnâtes
ils	sonnaient	sonnèrent

	Futur	**Conditionnel**
je	sonnerai	sonnerais
tu	sonneras	sonnerais
il	sonnera	sonnerait
nous	sonnerons	sonnerions
vous	sonnerez	sonneriez
ils	sonneront	sonneraient

	Imparfait du subjonctif	**Impératif**
je	sonnasse	
tu	sonnasses	sonne
il	sonnât	
nous	sonnassions	sonnons
vous	sonnassiez	sonnez
ils	sonnassent	

Auxiliaire	**Participe passé**	**Participe présent**
avoir	sonné	sonnant

SORTIR
to go out, leave
Irregular –ir verb

	Présent	**Subjonctif**
je	sors	sorte
tu	sors	sortes
il	sort	sorte
nous	sortons	sortions
vous	sortez	sortiez
ils	sortent	sortent

	Imparfait	**Passé simple**
je	sortais	sortis
tu	sortais	sortis
il	sortait	sortit
nous	sortions	sortîmes
vous	sortiez	sortîtes
ils	sortaient	sortirent

	Futur	**Conditionnel**
je	sortirai	sortirais
tu	sortiras	sortirais
il	sortira	sortirait
nous	sortirons	sortirions
vous	sortirez	sortiriez
ils	sortiront	sortiraient

	Imparfait du subjonctif	**Impératif**
je	sortisse	
tu	sortisses	sors
il	sortît	
nous	sortissions	sortons
vous	sortissiez	sortez
ils	sortissent	

Auxiliaire	**Participe passé**	**Participe présent**
être	sorti	sortant

SOUHAITER
to wish
Regular –er verb

	Présent	**Subjonctif**
je	souhaite	souhaite
tu	souhaites	souhaites
il	souhaite	souhaite
nous	souhaitons	souhaitions
vous	souhaitez	souhaitiez
ils	souhaitent	souhaitent

	Imparfait	**Passé simple**
je	souhaitais	souhaitai
tu	souhaitais	souhaitas
il	souhaitait	souhaita
nous	souhaitions	souhaitâmes
vous	souhaitiez	souhaitâtes
ils	souhaitaient	souhaitèrent

	Futur	**Conditionnel**
je	souhaiterai	souhaiterais
tu	souhaiteras	souhaiterais
il	souhaitera	souhaiterait
nous	souhaiterons	souhaiterions
vous	souhaiterez	souhaiteriez
ils	souhaiteront	souhaiteraient

	Imparfait du subjonctif	**Impératif**
je	souhaitasse	
tu	souhaitasses	souhaite
il	souhaitât	
nous	souhaitassions	souhaitons
vous	souhaitassiez	souhaitez
ils	souhaitassent	

Auxiliaire	**Participe passé**	**Participe présent**
avoir	souhaité	souhaitant

SOURIRE
to smile
Irregular –re verb

	Présent	**Subjonctif**
je	souris	sourie
tu	souris	souries
il	sourit	sourie
nous	sourions	souriions
vous	souriez	souriiez
ils	sourient	sourient

	Imparfait	**Passé simple**
je	souriais	souris
tu	souriais	souris
il	souriait	sourit
nous	souriions	sourîmes
vous	souriiez	sourîtes
ils	souriaient	sourirent

	Futur	**Conditionnel**
je	sourirai	sourirais
tu	souriras	sourirais
il	sourira	sourirait
nous	sourirons	souririons
vous	sourirez	souririez
ils	souriront	souriraient

	Imparfait du subjonctif	**Impératif**
je	sourisse	
tu	sourisses	souris
il	sourît	
nous	sourissions	sourions
vous	sourissiez	souriez
ils	sourissent	

Auxiliaire	**Participe passé**	**Participe présent**
avoir	souri	souriant

SUFFIRE
to suffice
Impersonal irregular –re verb

	Présent	**Subjonctif**
il	suffit	suffise

	Imparfait	**Passé simple**
il	suffisait	suffit

	Futur	**Conditionnel**
il	suffira	suffirait

	Imparfait du subjonctif	**Impératif**
il	suffît	–

Auxiliaire	**Participe passé**	**Participe présent**
avoir	suffi	suffisant

SUGGÉRER
to suggest
Stem-changing (É > È) –er verb

	Présent	**Subjonctif**
je	suggère	suggère
tu	suggères	suggères
il	suggère	suggère
nous	suggérons	suggérions
vous	suggérez	suggériez
ils	suggèrent	suggèrent

	Imparfait	**Passé simple**
je	suggérais	suggérai
tu	suggérais	suggéras
il	suggérait	suggéra
nous	suggérions	suggérâmes
vous	suggériez	suggérâtes
ils	suggéraient	suggérèrent

	Futur	**Conditionnel**
je	suggérerai	suggérerais
tu	suggéreras	suggérerais
il	suggérera	suggérerait
nous	suggérerons	suggérerions
vous	suggérerez	suggéreriez
ils	suggéreront	suggéreraient

	Imparfait du subjonctif	**Impératif**
je	suggérasse	
tu	suggérasses	suggère
il	suggérât	
nous	suggérassions	suggérons
vous	suggérassiez	suggérez
ils	suggérassent	

Auxiliaire	**Participe passé**	**Participe présent**
avoir	suggéré	suggérant

SUIVRE
to follow
Irregular –re verb

	Présent	**Subjonctif**
je	suis	suive
tu	suis	suives
il	suit	suive
nous	suivons	suivions
vous	suivez	suiviez
ils	suivent	suivent

	Imparfait	**Passé simple**
je	suivais	suivis
tu	suivais	suivis
il	suivait	suivit
nous	suivions	suivîmes
vous	suiviez	suivîtes
ils	suivaient	suivirent

	Futur	**Conditionnel**
je	suivrai	suivrais
tu	suivras	suivrais
il	suivra	suivrait
nous	suivrons	suivrions
vous	suivrez	suivriez
ils	suivront	suivraient

	Imparfait su subjonctif	**Impératif**
je	suivisse	
tu	suivisses	suis
il	suivît	
nous	suivissions	suivons
vous	suivissiez	suivez
ils	suivissent	

Auxiliaire	**Participe passé**	**Participe présent**
avoir	suivi	suivant

SE TAIRE
to be quiet
Reflexive irregular –re verb

	Présent	**Subjonctif**
je me	tais	taise
tu te	tais	taises
il se	tait	taise
nous nous	taisons	taisions
vous vous	taisez	taisiez
ils se	taisent	taisent

	Imparfait	**Passé simple**
je me	taisais	tus
tu te	taisais	tus
il se	taisait	tut
nous nous	taisions	tûmes
vous vous	taisiez	tûtes
ils se	taisaient	turent

	Futur	**Conditionnel**
je me	tairai	tairais
tu te	tairas	tairais
il se	taira	tairait
nous nous	tairons	tairions
vous vous	tairez	tairiez
ils se	tairont	tairaient

	Imparfait du subjonctif	**Impératif**
je me	tusse	
tu te	tusses	tais-toi
il se	tût	
nous nous	tussions	taisons-nous
vous vous	tussiez	taisez-vous
ils se	tussent	

Auxiliaire	**Participe passé**	**Participe présent**
être	tu	se taisant

TENIR
to hold
Irregular –*ir* verb

	Présent	**Subjonctif**
je	tiens	tienne
tu	tiens	tiennes
il	tient	tienne
nous	tenons	tenions
vous	tenez	teniez
ils	tiennent	tiennent

	Imparfait	**Passé simple**
je	tenais	tins
tu	tenais	tins
il	tenait	tint
nous	tenions	tînmes
vous	teniez	tîntes
ils	tenaient	tinrent

	Futur	**Conditionnel**
je	tiendrai	tiendrais
tu	tiendras	tiendrais
il	tiendra	tiendrait
nous	tiendrons	tiendrions
vous	tiendrez	tiendriez
ils	tiendront	tiendraient

	Imparfait du subjonctif	**Impératif**
je	tinsse	
tu	tinsses	tiens
il	tînt	
nous	tinssions	tenons
vous	tinssiez	tenez
ils	tinssent	

Auxiliaire	**Participe passé**	**Participe présent**
avoir	tenu	tenant

TENTER
to tempt; to attempt
Regular –er verb

	Présent	Subjonctif
je	tente	tente
tu	tentes	tentes
il	tente	tente
nous	tentons	tentions
vous	tentez	tentiez
ils	tentent	tentent

	Imparfait	Passé simple
je	tentais	tentai
tu	tentais	tentas
il	tentait	tenta
nous	tentions	tentâmes
vous	tentiez	tentâtes
ils	tentaient	tentèrent

	Futur	Conditionnel
je	tenterai	tenterais
tu	tenteras	tenterais
il	tentera	tenterait
nous	tenterons	tenterions
vous	tenterez	tenteriez
ils	tenteront	tenteraient

	Imparfait du subjonctif	Impératif
je	tentasse	
tu	tentasses	tente
il	tentât	
nous	tentassions	tentons
vous	tentassiez	tentez
ils	tentassent	

Auxiliaire	Participe passé	Participe présent
avoir	tenté	tentant

TOMBER
to fall
Regular *–er* verb

	Présent	**Subjonctif**
je	tombe	tombe
tu	tombes	tombes
il	tombe	tombe
nous	tombons	tombions
vous	tombez	tombiez
ils	tombent	tombent

	Imparfait	**Passé simple**
je	tombais	tombai
tu	tombais	tombas
il	tombait	tomba
nous	tombions	tombâmes
vous	tombiez	tombâtes
ils	tombaient	tombèrent

	Futur	**Conditionnel**
je	tomberai	tomberais
tu	tomberas	tomberais
il	tombera	tomberait
nous	tomberons	tomberions
vous	tomberez	tomberiez
ils	tomberont	tomberaient

	Imparfait du subjonctif	**Impératif**
je	tombasse	
tu	tombasses	tombe
il	tombât	
nous	tombassions	tombons
vous	tombassiez	tombez
ils	tombassent	

Auxiliaire	**Participe passé**	**Participe présent**
être	tombé	tombant

TOURNER
to turn
Regular –er verb

	Présent	**Subjonctif**
je	tourne	tourne
tu	tournes	tournes
il	tourne	tourne
nous	tournons	tournions
vous	tournez	tourniez
ils	tournent	tournent

	Imparfait	**Passé simple**
je	tournais	tournai
tu	tournais	tournas
il	tournait	tourna
nous	tournions	tournâmes
vous	tourniez	tournâtes
ils	tournaient	tournèrent

	Futur	**Conditionnel**
je	tournerai	tournerais
tu	tourneras	tournerais
il	tournera	tournerait
nous	tournerons	tournerions
vous	tournerez	tourneriez
ils	tourneront	tourneraient

	Imparfait du subjonctif	**Impératif**
je	tournasse	
tu	tournasses	tourne
il	tournât	
nous	tournassions	tournons
vous	tournassiez	tournez
ils	tournassent	

Auxiliaire	**Participe passé**	**Participe présent**
avoir	tourné	tournant

TRADUIRE
to translate
Irregular –re verb

	Présent	**Subjonctif**
je	traduis	traduise
tu	traduis	traduises
il	traduit	traduise
nous	traduisons	traduisions
vous	traduisez	traduisiez
ils	traduisent	traduisent

	Imparfait	**Passé simple**
je	traduisais	traduisis
tu	traduisais	traduisis
il	traduisait	traduisit
nous	traduisions	traduisîmes
vous	traduisiez	traduisîtes
ils	traduisaient	traduisirent

	Futur	**Conditionnel**
je	traduirai	traduirais
tu	traduiras	traduirais
il	traduira	traduirait
nous	traduirons	traduirions
vous	traduirez	traduiriez
ils	traduiront	traduiraient

	Imparfait du subjonctif	**Impératif**
je	traduisisse	
tu	traduisisses	traduis
il	traduisît	
nous	traduisissions	traduisons
vous	traduisissiez	traduisez
ils	traduisissent	

Auxiliaire	**Participe passé**	**Participe présent**
avoir	traduit	traduisant

TRAVAILLER
to work
Regular –er verb

	Présent	**Subjonctif**
je	travaille	travaille
tu	travailles	travailles
il	travaille	travaille
nous	travaillons	travaillions
vous	travaillez	travailliez
ils	travaillent	travaillent

	Imparfait	**Passé simple**
je	travaillais	travaillai
tu	travaillais	travaillas
il	travaillait	travailla
nous	travaillions	travaillâmes
vous	travailliez	travaillâtes
ils	travaillaient	travaillèrent

	Futur	**Conditionnel**
je	travaillerai	travaillerais
tu	travailleras	travaillerais
il	travaillera	travaillerait
nous	travaillerons	travaillerions
vous	travaillerez	travailleriez
ils	travailleront	travailleraient

	Imparfait du subjonctif	**Impératif**
je	travaillasse	
tu	travaillasses	travaille
il	travaillât	
nous	travaillassions	travaillons
vous	travaillassiez	travaillez
ils	travaillassent	

Auxiliaire	**Participe passé**	**Participe présent**
avoir	travaillé	travaillant

TROMPER
to deceive, trick, fool
Regular –er verb

	Présent	**Subjonctif**
je	trompe	trompe
tu	trompes	trompes
il	trompe	trompe
nous	trompons	trompions
vous	trompez	trompiez
ils	trompent	trompent

	Imparfait	**Passé simple**
je	trompais	trompai
tu	trompais	trompas
il	trompait	trompa
nous	trompions	trompâmes
vous	trompiez	trompâtes
ils	trompaient	trompèrent

	Futur	**Conditionnel**
je	tromperai	tromperais
tu	tromperas	tromperais
il	trompera	tromperait
nous	tromperons	tromperions
vous	tromperez	tromperiez
ils	tromperont	tromperaient

	Imparfait du subjonctif	**Impératif**
je	trompasse	
tu	trompasses	trompe
il	trompât	
nous	trompassions	trompons
vous	trompassiez	trompez
ils	trompassent	

Auxiliaire	**Participe passé**	**Participe présent**
avoir	trompé	trompant

TROUVER
to find
Regular –er verb

	Présent	Subjonctif
je	trouve	trouve
tu	trouves	trouves
il	trouve	trouve
nous	trouvons	trouvions
vous	trouvez	trouviez
ils	trouvent	trouvent

	Imparfait	Passé simple
je	trouvais	trouvai
tu	trouvais	trouvas
il	trouvait	trouva
nous	trouvions	trouvâmes
vous	trouviez	trouvâtes
ils	trouvaient	trouvèrent

	Futur	Conditionnel
je	trouverai	trouverais
tu	trouveras	trouverais
il	trouvera	trouverait
nous	trouverons	trouverions
vous	trouverez	trouveriez
ils	trouveront	trouveraient

	Imparfait du subjonctif	Impératif
je	trouvasse	
tu	trouvasses	trouve
il	trouvât	
nous	trouvassions	trouvons
vous	trouvassiez	trouvez
ils	trouvassent	

Auxiliaire	Participe passé	Participe présent
avoir	trouvé	trouvant

TUER
to kill
Regular –er verb

	Présent	**Subjonctif**
je	tue	tue
tu	tues	tues
il	tue	tue
nous	tuons	tuions
vous	tuez	tuiez
ils	tuent	tuent

	Imparfait	**Passé simple**
je	tuais	tuai
tu	tuais	tuas
il	tuait	tua
nous	tuions	tuâmes
vous	tuiez	tuâtes
ils	tuaient	tuèrent

	Futur	**Conditionnel**
je	tuerai	tuerais
tu	tueras	tuerais
il	tuera	tuerait
nous	tuerons	tuerions
vous	tuerez	tueriez
ils	tueront	tueraient

	Imparfait du subjonctif	**Impératif**
je	tuasse	
tu	tuasses	tue
il	tuât	
nous	tuassions	tuons
vous	tuassiez	tuez
ils	tuassent	

Auxiliaire	**Participe passé**	**Participe présent**
avoir	tué	tuant

TUTOYER
to use *tu*, address someone familiarly
Stem-changing (Y > I) *–er* verb

	Présent	**Subjonctif**
je	tutoie	tutoie
tu	tutoies	tutoies
il	tutoie	tutoie
nous	tutoyons	tutoyions
vous	tutoyez	tutoyiez
ils	tutoient	tutoient

	Imparfait	**Passé simple**
je	tutoyais	tutoyai
tu	tutoyais	tutoyas
il	tutoyait	tutoya
nous	tutoyions	tutoyâmes
vous	tutoyiez	tutoyâtes
ils	tutoyaient	tutoyèrent

	Futur	**Conditionnel**
je	tutoierai	tutoierais
tu	tutoieras	tutoierais
il	tutoiera	tutoierait
nous	tutoierons	tutoierions
vous	tutoierez	tutoieriez
ils	tutoieront	tutoieraient

	Imparfait du subjonctif	**Impératif**
je	tutoyasse	
tu	tutoyasses	tutoie
il	tutoyât	
nous	tutoyassions	tutoyons
vous	tutoyassiez	tutoyez
ils	tutoyassent	

Auxiliaire	**Participe passé**	**Participe présent**
avoir	tutoyé	tutoyant

VALOIR
to be worth
Irregular *–ir* verb

	Présent	**Subjonctif**
je	vaux	vaille
tu	vaux	vailles
il	vaut	vaille
nous	valons	valions
vous	valez	valiez
ils	valent	vaillent

	Imparfait	**Passé simple**
je	valais	valus
tu	valais	valus
il	valait	valut
nous	valions	valûmes
vous	valiez	valûtes
ils	valaient	valurent

	Futur	**Conditionnel**
je	vaudrai	vaudrais
tu	vaudras	vaudrais
il	vaudra	vaudrait
nous	vaudrons	vaudrions
vous	vaudrez	vaudriez
ils	vaudront	vaudraient

	Imparfait du subjonctif	**Impératif**
je	valusse	
tu	valusses	vaux
il	valût	
nous	valussions	valons
vous	valussiez	valez
ils	valussent	

Auxiliaire	**Participe passé**	**Participe présent**
avoir	valu	valant

VENDRE
to sell
Regular –re verb

	Présent	**Subjonctif**
je	vends	vende
tu	vends	vendes
il	vend	vende
nous	vendons	vendions
vous	vendez	vendiez
ils	vendent	vendent

	Imparfait	**Passé simple**
je	vendais	vendis
tu	vendais	vendis
il	vendait	vendit
nous	vendions	vendîmes
vous	vendiez	vendîtes
ils	vendaient	vendirent

	Futur	**Conditionnel**
je	vendrai	vendrais
tu	vendras	vendrais
il	vendra	vendrait
nous	vendrons	vendrions
vous	vendrez	vendriez
ils	vendront	vendraient

	Imparfait du subjonctif	**Impératif**
je	vendisse	
tu	vendisses	vends
il	vendît	
nous	vendissions	vendons
vous	vendissiez	vendez
ils	vendissent	

Auxiliaire	**Participe passé**	**Participe présent**
avoir	vendu	vendant

VENIR
to come
Irregular –*ir* verb

	Présent	**Subjonctif**
je	viens	vienne
tu	viens	viennes
il	vient	vienne
nous	venons	venions
vous	venez	veniez
ils	viennent	viennent

	Imparfait	**Passé simple**
je	venais	vins
tu	venais	vins
il	venait	vint
nous	venions	vînmes
vous	veniez	vîntes
ils	venaient	vinrent

	Futur	**Conditionnel**
je	viendrai	viendrais
tu	viendras	viendrais
il	viendra	viendrait
nous	viendrons	viendrions
vous	viendrez	viendriez
ils	viendront	viendraient

	Imparfait du subjonctif	**Impératif**
je	vinsse	
tu	vinsses	viens
il	vînt	
nous	vinssions	venons
vous	vinssiez	venez
ils	vinssent	

Auxiliaire	**Participe passé**	**Participe présent**
être	venu	venant

VERSER
to pour
Regular –er verb

	Présent	**Subjonctif**
je	verse	verse
tu	verses	verses
il	verse	verse
nous	versons	versions
vous	versez	versiez
ils	versent	versent

	Imparfait	**Passé simple**
je	versais	versai
tu	versais	versas
il	versait	versa
nous	versions	versâmes
vous	versiez	versâtes
ils	versaient	versèrent

	Futur	**Conditionnel**
je	verserai	verserais
tu	verseras	verserais
il	versera	verserait
nous	verserons	verserions
vous	verserez	verseriez
ils	verseront	verseraient

	Imparfait du subjonctif	**Impératif**
je	versasse	
tu	versasses	verse
il	versât	
nous	versassions	versons
vous	versassiez	versez
ils	versassent	

Auxiliaire	**Participe passé**	**Participe présent**
avoir	versé	versant

VÊTIR
to clothe
Irregular *–ir* verb
se vêtir: to dress o.s.

	Présent	**Subjonctif**
je	vêts	vête
tu	vêts	vêtes
il	vêt	vête
nous	vêtons	vêtions
vous	vêtez	vêtiez
ils	vêtent	vêtent

	Imparfait	**Passé simple**
je	vêtais	vêtis
tu	vêtais	vêtis
il	vêtait	vêtit
nous	vêtions	vêtîmes
vous	vêtiez	vêtîtes
ils	vêtaient	vêtirent

	Futur	**Conditionnel**
je	vêtirai	vêtirais
tu	vêtiras	vêtirais
il	vêtira	vêtirait
nous	vêtirons	vêtirions
vous	vêtirez	vêtiriez
ils	vêtiront	vêtiraient

	Imparfait du subjonctif	**Impératif**
je	vêtisse	
tu	vêtisses	vêts
il	vêtît	
nous	vêtissions	vêtons
vous	vêtissiez	vêtez
ils	vêtissent	

Auxiliaire	**Participe passé**	**Participe présent**
avoir	vêtu	vêtant

VISITER
to visit
Regular *–er* verb

	Présent	**Subjonctif**
je	visite	visite
tu	visites	visites
il	visite	visite
nous	visitons	visitions
vous	visitez	visitiez
ils	visitent	visitent

	Imparfait	**Passé simple**
je	visitais	visitai
tu	visitais	visitas
il	visitait	visita
nous	visitions	visitâmes
vous	visitiez	visitâtes
ils	visitaient	visitèrent

	Futur	**Conditionnel**
je	visiterai	visiterais
tu	visiteras	visiterais
il	visitera	visiterait
nous	visiterons	visiterions
vous	visiterez	visiteriez
ils	visiteront	visiteraient

	Imparfait du subjonctif	**Impératif**
je	visitasse	
tu	visitasses	visite
il	visitât	
nous	visitassions	visitons
vous	visitassiez	visitez
ils	visitassent	

Auxiliaire	**Participe passé**	**Participe présent**
avoir	visité	visitant

VIVRE
to live
Irregular *–re* verb

	Présent	**Subjonctif**
je	vis	vive
tu	vis	vives
il	vit	vive
nous	vivons	vivions
vous	vivez	viviez
ils	vivent	vivent

	Imparfait	**Passé simple**
je	vivais	vécus
tu	vivais	vécus
il	vivait	vécut
nous	vivions	vécûmes
vous	viviez	vécûtes
ils	vivaient	vécurent

	Futur	**Conditionnel**
je	vivrai	vivrais
tu	vivras	vivrais
il	vivra	vivrait
nous	vivrons	vivrions
vous	vivrez	vivriez
ils	vivront	vivraient

	Imparfait su subjonctif	**Impératif**
je	vécusse	
tu	vécusses	vis
il	vécût	
nous	vécussions	vivons
vous	vécussiez	vivez
ils	vécussent	

Auxiliaire	**Participe passé**	**Participe présent**
avoir	vécu	vivant

VOIR
to see
Irregular –ir verb

	Présent	**Subjonctif**
je	vois	voie
tu	vois	voies
il	voit	voie
nous	voyons	voyions
vous	voyez	voyiez
ils	voient	voient

	Imparfait	**Passé simple**
je	voyais	vis
tu	voyais	vis
il	voyait	vit
nous	voyions	vîmes
vous	voyiez	vîtes
ils	voyaient	virent

	Futur	**Conditionnel**
je	verrai	verrais
tu	verras	verrais
il	verra	verrait
nous	verrons	verrions
vous	verrez	verriez
ils	verront	verraient

	Imparfait du subjonctif	**Impératif**
je	visse	
tu	visses	vois
il	vît	
nous	vissions	voyons
vous	vissiez	voyez
ils	vissent	

Auxiliaire	**Participe passé**	**Participe présent**
avoir	vu	voyant

VOLER
to steal; to fly
Regular *–er* verb

	Présent	**Subjonctif**
je	vole	vole
tu	voles	voles
il	vole	vole
nous	volons	volions
vous	volez	voliez
ils	volent	volent

	Imparfait	**Passé simple**
je	volais	volai
tu	volais	volas
il	volait	vola
nous	volions	volâmes
vous	voliez	volâtes
ils	volaient	volèrent

	Futur	**Conditionnel**
je	volerai	volerais
tu	voleras	volerais
il	volera	volerait
nous	volerons	volerions
vous	volerez	voleriez
ils	voleront	voleraient

	Imparfait du subjonctif	**Impératif**
je	volasse	
tu	volasses	vole
il	volât	
nous	volassions	volons
vous	volassiez	volez
ils	volassent	

Auxiliaire	**Participe passé**	**Participe présent**
avoir	volé	volant

VOULOIR
to want
Irregular –ir verb

	Présent	**Subjonctif**
je	veux	veuille
tu	veux	veuilles
il	veut	veuille
nous	voulons	voulions
vous	voulez	vouliez
ils	veulent	veuillent

	Imparfait	**Passé simple**
je	voulais	voulus
tu	voulais	voulus
il	voulait	voulut
nous	voulions	voulûmes
vous	vouliez	voulûtes
ils	voulaient	voulurent

	Futur	**Conditionnel**
je	voudrai	voudrais
tu	voudras	voudrais
il	voudra	voudrait
nous	voudrons	voudrions
vous	voudrez	voudriez
ils	voudront	voudraient

	Imparfait du subjonctif	**Impératif**
je	voulusse	
tu	voulusses	veuille
il	voulût	
nous	voulussions	–
vous	voulussiez	veuillez
ils	voulussent	

Auxiliaire	**Participe passé**	**Participe présent**
avoir	voulu	voulant

VOUVOYER
to use *vous*, address someone formally
Stem-changing (Y > I) *–er* verb

	Présent	**Subjonctif**
je	vouvoie	vouvoie
tu	vouvoies	vouvoies
il	vouvoie	vouvoie
nous	vouvoyons	vouvoyions
vous	vouvoyez	vouvoyiez
ils	vouvoient	vouvoient

	Imparfait	**Passé simple**
je	vouvoyais	vouvoyai
tu	vouvoyais	vouvoyas
il	vouvoyait	vouvoya
nous	vouvoyions	vouvoyâmes
vous	vouvoyiez	vouvoyâtes
ils	vouvoyaient	vouvoyèrent

	Futur	**Conditionnel**
je	vouvoierai	vouvoierais
tu	vouvoieras	vouvoierais
il	vouvoiera	vouvoierait
nous	vouvoierons	vouvoierions
vous	vouvoierez	vouvoieriez
ils	vouvoieront	vouvoieraient

	Imparfait du subjonctif	**Impératif**
je	vouvoyasse	
tu	vouvoyasses	vouvoie
il	vouvoyât	
nous	vouvoyassions	vouvoyons
vous	vouvoyassiez	vouvoyez
ils	vouvoyassent	

Auxiliaire	**Participe passé**	**Participe présent**
avoir	vouvoyé	vouvoyant

VOYAGER
to travel
Spelling-change (G > GE) –er verb

	Présent	**Subjonctif**
je	voyage	voyage
tu	voyages	voyages
il	voyage	voyage
nous	voyageons	voyagions
vous	voyagez	voyagiez
ils	voyagent	voyagent

	Imparfait	**Passé simple**
je	voyageais	voyageai
tu	voyageais	voyageas
il	voyageait	voyagea
nous	voyagions	voyageâmes
vous	voyagiez	voyageâtes
ils	voyageaient	voyagèrent

	Futur	**Conditionnel**
je	voyagerai	voyagerais
tu	voyageras	voyagerais
il	voyagera	voyagerait
nous	voyagerons	voyagerions
vous	voyagerez	voyageriez
ils	voyageront	voyageraient

	Imparfait du subjonctif	**Impératif**
je	voyageasse	
tu	voyageasses	voyage
il	voyageât	
nous	voyageassions	voyageons
vous	voyageassiez	voyagez
ils	voyageassent	

Auxiliaire	**Participe passé**	**Participe présent**
avoir	voyagé	voyageant

Appendix
1,000 More Verbs

French Verb	English Translation	Model Verb
abaisser	to lower	aimer
abandonner	to desert, abandon	aimer
abasourdir	to stun, daze, bewilder	finir
abattre	to knock down	battre
abîmer	to damage, ruin	aimer
abolir	to abolish	abolir
abonner	to subscribe	aimer
aborder	to approach	aimer
aboutir	to succeed, end up	finir
aboyer	to bark	employer
abréger	to shorten, abridge	protéger
abriter	to shelter	aimer
abroger	to repeal	bouger
s'absenter	to leave, be absent	se moquer
absorber	to absorb	aimer
absoudre	to absolve	résoudre
s'abstenir	to abstain	tenir
abuser	to abuse	aimer
accabler	to overwhelm, overcome	aimer
accéder	to reach, accede to	céder
accélérer	to accelerate	espérer
accentuer	to accentuate	continuer
accepter	to accept	aimer

French Verb	English Translation	Model Verb
acclamer	to acclaim	aimer
accommoder	to accommodate	aimer
accompagner	to accompany	aimer
accomplir	to accomplish	finir
accorder	to grant	aimer
accoucher	to give birth	aimer
accourir	to hurry	courir
accoutumer	to accustom (s.o to s.t.)	aimer
accrocher	to hang (up)	aimer
accroître	to increase	croître
accueillir	to welcome	accueillir
acculturer	to acculturate	aimer
accumuler	to accumulate	aimer
accuser	to accuse	aimer
acheminer	to forward, dispatch	aimer
acheter	to buy	acheter
achever	to finish	lever
acquérir	to acquire	acquérir
actualiser	to update	aimer
adapter	to adapt	aimer
adhérer	to adhere	espérer
adjoindre	to appoint	joindre
admettre	to admit	admettre
administrer	to administer	aimer
admirer	to admire	admirer
adopter	to adopt	aimer
adorer	to adore	adorer
adoucir	to make milder, soften	finir
adresser	to address	aimer
advenir	to happen	venir
aérer	to aerate	espérer
affaiblir	to weaken	finir
affamer	to starve	aimer
affecter	to affect	aimer
affermer	to rent, lease	aimer
afficher	to post, exhibit	aimer
affliger	to afflict	corriger
agacer	to irritate	agacer
s'agenouiller	to kneel	se moquer
aggraver	to aggravate	aimer
agir	to act	finir

French Verb	English Translation	Model Verb
agiter	to wave, trouble	aimer
agrandir	to enlarge	finir
agréer	to agree	créer
aider	to help	aider
aimer	to like, love	aimer
ajouter	to add	ajouter
alimenter	to feed	aimer
allécher	to tempt	céder
aller	to go	aller
allonger	to lengthen, stretch	déranger
allumer	to light	aimer
alourdir	to weigh down, make heavy	finir
alphabétiser	to alphabetize	excuser
altérer	to alter, distort	espérer
alterner	to alternate	aimer
améliorer	to improve	aimer
aménager	to fix	partager
amener	to take, bring	amener
amplifier	to amplify	aimer
amuser	to amuse, entertain	amuser
analyser	to analyze	excuser
anéantir	to annihilate	finir
angoisser	to distress	aimer
animer	to lead, liven up	aimer
annoncer	to announce	lancer
anticiper	to anticipate	aimer
apercevoir	to perceive	recevoir
apparaître	to appear	paraître
appartenir	to belong	tenir
appeler	to call	appeler
applaudir	to applaud, clap	finir
appliquer	to apply	aimer
apporter	to bring	aimer
apprécier	to appreciate	étudier
apprendre	to learn	apprendre
apprêter	to get s.t. ready	aimer
approcher	to approach	aimer
approuver	to approve (of)	aimer
appuyer	to support, lean on	ennuyer
armer	to arm, equip	aimer
arracher	to pull up/out, uproot	arracher

French Verb	English Translation	Model Verb
arranger	to arrange	changer
arrêter	to stop, arrest	arrêter
arriver	to arrive, happen	arriver
arroser	to water	aimer
aspirer	to inhale, long for	aimer
assaillir	to assail	assaillir
assembler	to gather, collect, assemble	aimer
asseoir	to sit down, establish	asseoir
assister	to attend	assister
associer	to associate	étudier
assouplir	to soften	finir
assurer	to assure	aimer
astreindre	to compel	peindre
attacher	to tie up, fasten, attach	aimer
attaquer	to attack	aimer
attarder	to make late	aimer
atteindre	to attain	peindre
attendre	to wait for	attendre
atterrir	to land	finir
attester	to vouch, attest	aimer
attirer	to attract	attirer
attraper	to catch	aimer
attribuer	to attribute	continuer
attrister	to sadden	aimer
augmenter	to increase	aimer
autoriser	to authorize	aimer
avaler	to swallow	aimer
avancer	to advance	lancer
avertir	to warn	finir
avoir	to have	avoir
avorter	to abort	aimer
avouer	to confess	continuer
bâcler	to botch, throw together	donner
bagarrer	to fight, argue	donner
baigner	to bathe (s.o.)	donner
baisser	to lower	baisser
balancer	to balance, sway	lancer
balayer	to sweep	essayer
bannir	to banish, cast out	finir
baptiser	to baptize	donner
barrer	block, bar, cross out	donner

French Verb	English Translation	Model Verb
bâtir	to build	finir
battre	to beat	battre
bavarder	to chat	bavarder
baver	to dribble, have a hard time	donner
bégayer	to stammer, stutter	essayer
bénéficier	to enjoy, benefit, gain	étudier
bénir	to bless	finir
bercer	to cradle, rock	lancer
blaguer	to joke	donner
blâmer	to blame	donner
blanchir	to bleach, whiten	finir
blaser	to make indifferent	donner
blêmir	to pale	finir
blesser	to injure, offend	blesser
bleuir	to turn blue	finir
bloquer	to jam, block	donner
boire	to drink	boire
boiter	to limp, wobble	donner
bombarder	to bomb	donner
bondir	to jump up, bounce	finir
border	to edge, trim, tuck in	donner
boucher	to cork, plug, block	donner
boucler	to buckle, settle, complete	donner
bouffer	to eat, have volume, gobble	donner
bouger	to move	bouger
bouillir	to boil	bouillir
bouleverser	to move deeply, upset, disrupt	donner
bourrer	to fill, stuff	donner
bousculer	to bump into	donner
branler	to shake, be shaky	donner
briller	to shine	donner
briser	to break, smash, ruin	donner
bronzer	to tan	donner
brosser	to brush	brosser
broyer	to grind	employer
bruiner	to drizzle	donner
brûler	to burn	brûler
brunir	to darken, tan	finir
cacher	to hide	cacher
calculer	to calculate	donner
captiver	to fascinate, captivate	donner

French Verb	English Translation	Model Verb
caractériser	to characterize	donner
caresser	to caress	donner
casser	to break	casser
causer	to cause, chat	donner
céder	to give up, cede	céder
ceindre	to encircle (with)	peindre
célébrer	to celebrate	célébrer
censurer	to censure	donner
centraliser	to centralize	donner
cerner	to encircle, surround	donner
certifier	to certify	étudier
cesser	to cease	cesser
changer	to change	changer
chanter	to sing	chanter
charger	to load	déranger
chasser	to hunt, drive out	chasser
châtier	to punish	étudier
chatouiller	to tickle, titillate	donner
chauffer	to heat	donner
chausser	to put shoes on	donner
chercher	to search, look for	chercher
chérir	to cherish	finir
chiffonner	to crumple	donner
choisir	to choose	choisir
chômer	to be unemployed, be idle	donner
choquer	to shock, appall	donner
chuchoter	to whisper	donner
chuter	to fall, drop	donner
circonscrire	to contain	écrire
circonvenir	to circumvent	venir
circuler	to circulate	donner
citer	to quote, cite	donner
claquer	to bang, snap	donner
clarifier	to clarify	étudier
classer	to file, grade	donner
cligner	to blink	donner
clignoter	to twinkle, flash	donner
clocher	to be defective, have s.t. wrong	donner
cloîtrer	to shut away, cloister	donner
clore	to close	clore
clouer	to nail, tack, pin down	continuer

French Verb	English Translation	Model Verb
cocher	to check off, tick	donner
coiffer	to do s.o.'s hair	donner
coincer	to wedge, jam	lancer
collaborer	to collaborate	donner
coller	to glue, paste	donner
combattre	to combat, fight	battre
combiner	to combine	donner
combler	to fill in, fulfill	donner
commander	to order	commander
commencer	to begin	lancer
commenter	to comment	donner
commettre	to commit	mettre
communiquer	to communicate	donner
comparaître	to appear	paraître
comparer	to compare	comparer
compléter	to complete	répéter
complimenter	to compliment, congratulate	donner
compliquer	to complicate	donner
comporter	to comprise, include	donner
composer	to write, compose, dial	donner
comprendre	to understand, include	comprendre
compromettre	to compromise	mettre
compter	to count, intend to	donner
concéder	to concede	céder
concentrer	to concentrate	donner
concevoir	to conceive	recevoir
conclure	to conclude	conclure
concourir	to compete	courir
condamner	to condemn	donner
conduire	to drive	conduire
confier	to confide	étudier
confire	to preserve, pickle	confire
confondre	to confuse, astound	vendre
congeler	to freeze	mener
conjoindre	to unite	joindre
conjuguer	to conjugate	donner
connaître	to know, be familiar with	connaître
conquérir	to conquer	acquérir
consacrer	to devote, dedicate	donner
conseiller	to recommend, advise, counsel	conseiller
consentir	to consent	sentir

French Verb	English Translation	Model Verb
conserver	to conserve	donner
considérer	to consider	considérer
consister	to consist	donner
consoler	to console, soothe	donner
constater	to notice, record, certify	donner
construire	to construct	construire
consulter	to consult	donner
contenir	to contain	contenir
contenter	to satisfy	donner
conter	to recount, narrate, tell	donner
continuer	to continue	continuer
contraindre	to compel	craindre
contredire	to contradict	prédire
contrevenir	to contravene	venir
contribuer	to contribute	continuer
contrôler	to control	donner
convaincre	to convince	convaincre
convenir	to agree, admit, fit	venir
convertir	to convert	finir
coopérer	to cooperate	espérer
coordonner	to coordinate	donner
copier	to copy	étudier
corriger	to correct	corriger
corrompre	to corrupt	rompre
coucher	to put to bed, sleep	coucher
coudre	to sew	coudre
couler	to flow	donner
couper	to cut	couper
courber	to bend	donner
courir	to run	courir
couronner	to crown	donner
coûter	to cost	coûter
couvrir	to cover	couvrir
cracher	to spit	donner
craindre	to fear	craindre
craquer	to creak, crack, fall apart	donner
créditer	to credit	donner
créer	to create	créer
creuser	to hollow, dig, examine	donner
crever	to burst, be tired, die	lever
crier	to shout	étudier

French Verb	English Translation	Model Verb
crisper	to tense, get on s.o.'s nerves	donner
critiquer	to criticize	donner
crocheter	to pick (a lock), crochet	acheter
croire	to believe	croire
croiser	to fold, to pass, come across	donner
croître	to grow	croître
croquer	to bite into, crunch, squander	donner
cueillir	to gather, pick, harvest	cueillir
cuire	to cook	conduire
cuisiner	to be cooking	donner
cultiver	to cultivate	donner
cumuler	to do two things simultaneously	donner
daigner	to deign	donner
danser	to dance	danser
dater	to date (from), be outdated	donner
déballer	to unpack, let out	donner
débarquer	to unload, land	donner
débarrasser	to clear, rid s.o. of	donner
débattre	to debate	battre
déborder	to overflow, stick out	donner
débrouiller	to untangle, sort out	donner
décerner	to give, award	donner
décevoir	to disappoint	décevoir
décharger	to unload, unburden, release	déranger
déchirer	to rip, tear	donner
décider	to decide	décider
déclarer	to declare, announce, say	donner
décoiffer	to muss (one's hair)	donner
décorer	to decorate	donner
découdre	to take stitches out	coudre
découper	to cut, carve	donner
décourager	to discourage	partager
découvrir	to discover	découvrir
décrire	to describe	décrire
décrocher	to take down, pick up (phone)	donner
décroître	to decrease	croître
dédier	to dedicate	étudier
se dédire	to retract, go back on one's word	prédire
déduire	to deduce, deduct	conduire
défaire	to undo, defeat	faire
défendre	to defend	vendre

French Verb	English Translation	Model Verb
défier	to challenge, defy	étudier
défiler	to unthread, march, parade	donner
définir	to define	finir
dégager	to free	partager
dégoûter	to disgust	donner
déguiser	to disguise	donner
déguster	to taste, sample, savor	donner
déjeuner	to have lunch	donner
délibérer	to deliberate	espérer
délivrer	to set free, issue, deliver	donner
demander	to ask for, request	demander
déménager	to move	partager
demeurer	to live, stay	demeurer
démolir	to demolish	finir
démontrer	to demonstrate, prove	donner
dénoncer	to denounce	lancer
dénoter	to indicate, denote	donner
se départir	to lose	partir
dépasser	to pass, overhang, exceed	donner
dépêcher	to dispatch	dépêcher
dépeindre	to depict	peindre
dépendre	to depend (on)	vendre
dépenser	to spend	dépenser
déplacer	to move, displace	agacer
déplaire	to displease, be disliked	plaire
déposer	to put down, to deposit	donner
dépouiller	to peruse, skin, strip	donner
déprécier	to depreciate, belittle	étudier
déprimer	to depress	donner
déranger	to disturb	déranger
déraper	to skid, soar	donner
dérober	to steal, hide	donner
dérouler	to unwind, unroll	donner
descendre	to descend	descendre
désespérer	to despair, drive to despair	espérer
déshabiller	to undress s.o.	donner
désigner	to indicate, name, designate	donner
désirer	to desire	donner
désobéir	to disobey	finir
désoler	to distress, sadden	donner
dessiner	to draw	donner

French Verb	English Translation	Model Verb
détacher	to untie, remove, dispatch	donner
déteindre	to bleach	peindre
détendre	to release, loosen, relax	vendre
détenir	to hold	tenir
déterminer	to determine	donner
détester	to hate	détester
détourner	to turn away, divert	donner
détruire	to destroy	conduire
dévaloriser	to reduce/undermine the value of	donner
devancer	to outdistance, arive ahead of	lancer
développer	to develop	donner
devenir	to become	devenir
dévêtir	to undress	vêtir
deviner	to guess	donner
devoir	to owe, have to	devoir
dévorer	to devour	donner
dicter	to dictate	donner
différer	to differ	espérer
digérer	to digest	espérer
diminuer	to diminish	continuer
dîner	to dine, have dinner	donner
dire	to say, tell	dire
diriger	to direct	diriger
discourir	to discourse	courir
discuter	to discuss	discuter
disjoindre	to disconnect	joindre
disparaître	to disappear	paraître
disperser	to scatter, disperse	donner
disposer	to arrange, dipose s.o. to	donner
disputer	to fight, dispute	donner
disséminer	to disseminate	donner
dissiper	to dissipate	donner
dissoudre	to dissolve	résoudre
dissuader	to dissuade	donner
distinguer	to distinguish	donner
distraire	to distract, amuse, entertain	distraire
distribuer	to distribute	continuer
diviser	to divide	donner
divorcer	to divorce	lancer
dominer	to dominate	donner
dompter	to tame, subdue	donner

French Verb	English Translation	Model Verb
donner	to give	donner
dorer	to gild	donner
dormir	to sleep	dormir
doubler	to pass, double	donner
doucher	to shower s.o.	donner
douer	to endow s.o. with	continuer
douter	to doubt	douter
dresser	to stand up, raise	donner
durer	to last	donner
ébranler	to shake, weaken	écouter
écarter	to move apart, spread open	écouter
échanger	to exchange	changer
échapper	to escape	écouter
échouer	to fail	continuer
éclaircir	to make lighter, thin, clarify	finir
éclairer	to light up, illuminate	écouter
éclater	to burst, explode	écouter
éconduire	to dismiss	conduire
écouler	to sell	écouter
écouter	to listen to	écouter
écraser	to crush, run over	écouter
écrire	to write	écrire
effacer	to erase	agacer
effectuer	to carry out, make happen	continuer
effrayer	to frighten	essayer
égaler	to equal, be equal to	écouter
égarer	to mislead, mislay	écouter
égayer	to amuse	essayer
élargir	to widen, stretch	finir
électrifier	to electrify	étudier
élever	to raise	élever
élider	to elide	écouter
élire	to elect	lire
éloigner	to move away	écouter
embarquer	to embark, load	écouter
embarrasser	to embarrass	écouter
embrasser	to kiss, embrace	écouter
émigrer	to emigrate	écouter
emmener	to take s.o.	mener
s'emparer	to seize, grab	se moquer
empêcher	to prevent, hinder	empêcher

French Verb	English Translation	Model Verb
employer	to employ, use	employer
emporter	to take	écouter
empreindre	to imprint	peindre
s'empresser	to bustle around, hurry	se moquer
emprunter	to borrow	emprunter
encadrer	to frame, supervise	écouter
enclore	to enclose	clore
encourager	to encourage	partager
encourir	to incur	courir
endommager	to damage	partager
endormir	to fall asleep	dormir
enduire	to coat	conduire
énerver	to irritate, annoy	écouter
enfermer	to shut/lock in, imprison	écouter
enfoncer	to thrust/stick/drive in, break open	lancer
enfreindre	to infringe	peindre
enfuir (s')	to run away	fuir
engager	to hire, bind, start	bouger
engloutir	to engulf	finir
enjoindre	to enjoin	joindre
enlever	to remove	lever
ennuyer	to bore	ennuyer
énoncer	to express, state	lancer
enquérir	to inquire	acquérir
enregistrer	to register	écouter
enrichir	to enrich	finir
enseigner	to teach	enseigner
entendre	to hear	entendre
enterrer	to bury	écouter
entourer	to surround	écouter
entraîner	to carry along, cause, coach	écouter
entreprendre	to undertake	prendre
entrer	to enter, to go in	entrer
entretenir	to look after	tenir
entrevoir	to see, glimpse, foresee	voir
entrouvrir	to half-open	ouvrir
énumérer	to enumerate	espérer
envahir	to invade	finir
envelopper	to envelop	écouter
envier	to envy	étudier
envoyer	to send	envoyer

French Verb	English Translation	Model Verb
épargner	to spare, save	écouter
épeler	to spell	appeler
épicer	to spice	agacer
épier	to spy on, watch closely	étudier
épouser	to marry	écouter
éprouver	to test, feel	écouter
épuiser	to exhaust, tire out	écouter
errer	to wander, roam	écouter
espérer	to hope	espérer
espionner	to spy on	écouter
esquisser	to sketch, outline	écouter
essayer	to try	essayer
essuyer	to wipe, endure	ennuyer
estimer	to appraise, assess, esteem	écouter
établir	to establish	établir
étaler	to spread, strew	écouter
éteindre	to extinguish	peindre
étendre	to stretch	vendre
éternuer	to sneeze	continuer
étonner	to surprise, astonish	étonner
étouffer	to suffocate, smother, choke	écouter
étourdir	to stun, daze	finir
être	to be	être
étreindre	to embrace	peindre
étudier	to study	étudier
évaluer	to evaluate	continuer
s'évanouir	to faint	finir
éveiller	to arouse, awaken	écouter
éviter	to avoid	éviter
exagérer	to exaggerate	exagérer
examiner	to examine	écouter
exciter	to arouse, excite	écouter
exclure	to exclude, expel	conclure
excuser	to excuse	excuser
exécuter	to carry out, execute	écouter
exercer	to exercise	lancer
exiger	to demand	exiger
exister	to exist	écouter
expliquer	to explain	expliquer
exploiter	to work, exploit, operate	écouter
exposer	to display, exhibit, state	écouter

French Verb	English Translation	Model Verb
exprimer	to express	exprimer
fabriquer	to manufacture, fabricate	donner
fabuler	to make up stories	donner
se fâcher	to get angry	fâcher
faciliter	to facilitate	donner
façonner	to fashion, shape	donner
faillir	to fail, almost do	faillir
faire	to make, do	faire
falsifier	to falsify	étudier
farder	to put on make up, dress up	donner
fatiguer	to fatigue, tire	donner
faucher	to reap, mow	donner
favoriser	to favor	donner
feindre	to feign	peindre
féliciter	to congratulate	donner
fendre	to split	vendre
fermer	to close	fermer
fesser	to spank	donner
feuilleter	to leaf through	jeter
se fier	to depend on	étudier
figurer	to represent	donner
filer	to spin (out), shadow	donner
filtrer	to filter, screen	donner
finir	to finish	finir
fixer	to fix, fasten	donner
flamber	to burn, blaze	donner
flâner	to stroll, lounge around	donner
flatter	to flatter	donner
flirter	to flirt, date	donner
flotter	to float, flutter	donner
foncer	to charge at/into, darken	lancer
fonder	to found, establish	donner
fondre	to melt	vendre
forcer	to force	lancer
forger	to forge	bouger
former	to train, form, shape	donner
fortifier	to fortify, strengthen	étudier
fouetter	to whip, lash	donner
fouiller	to dig deeply, search	donner
fouiner	to snoop	donner
fournir	to furnish, provide	fournir

French Verb	English Translation	Model Verb
fourrer	to stuff, fill	donner
franchir	to cross, overcome	finir
frapper	to knock, strike	frapper
frémir	to shudder	finir
fréquenter	to go out with, frequent	donner
friser	to curl	donner
frissonner	to tremble, shudder	donner
frotter	to rub	donner
fructifier	to bear fruit, be productive	étudier
fuir	to flee	fuir
fumer	to smoke	fumer
fuser	to gush, burst forth	donner
gâcher	to waste, to spoil	donner
gagner	to win, earn	gagner
garantir	to guarantee	finir
garder	to keep, guard	garder
garer	to park	donner
garnir	to equip, garnish	finir
gaspiller	to waste	gaspiller
gâter	to spoil	gâter
geindre	to groan	peindre
geler	to freeze	mener
gémir	to moan, groan	finir
gêner	to bother	gêner
gérer	to manage	gérer
gésir	to lie down	finir
glacer	to chill, freeze	agacer
glisser	to slide, slip	donner
gonfler	to inflate, swell	donner
goûter	to taste	goûter
gouverner	to govern	donner
grandir	to grow	finir
gratter	to scratch, grate	donner
grêler	to hail	donner
grelotter	to shiver	donner
grimper	to climb	donner
grincer	to grate, creak	lancer
grogner	to grumble, moan	donner
gronder	to scold	donner
grossir	to gain weight, grow	finir
grouper	to group, pool	donner

French Verb	English Translation	Model Verb
guérir	to cure, get well	finir
guetter	to watch	donner
guider	to guide	donner
habiller	to dress, clothe	habiller
habiter	to live, reside	habiter
habituer	to accustom s.o.	continuer
haïr	to hate	haïr
haleter	to pant	acheter
hanter	to haunt	donner
harceler	to harass	mener
hasarder	to risk	donner
hâter	to hasten	donner
hausser	to raise	donner
hériter	to inherit	habiter
hésiter	to hesitate	hésiter
heurter	to hit, offend	donner
honorer	to honor, be a credit to	habiter
hoqueter	to hiccup	jeter
humilier	to humiliate	étudier
hurler	to scream, shriek	donner
identifier	to identify	étudier
ignorer	to not know, be ignorant of	insister
illuminer	to light up, illuminate	insister
illustrer	to illustrate	insister
imaginer	to imagine	insister
imiter	to imitate	insister
immigrer	to immigrate	insister
impliquer	to imply, involve	insister
implorer	to implore	insister
importer	to import, matter, be important to	insister
imposer	to impose	insister
impressioner	to impress	insister
imprimer	to print	insister
inciter	to encourage, prompt, incite	insister
incliner	to tilt, be inclined to	insister
inclure	to include	inclure
incorporer	to incorporate	insister
indiquer	to indicate, point out	insister
induire	to lead to	conduire
infecter	to infect	insister
inférer	to infer	espérer

French Verb	English Translation	Model Verb
infliger	to inflict	corriger
influencer	to influence	lancer
informer	to inform	insister
initier	to initiate	étudier
inonder	to flood	insister
inquiéter	to worry	inquiéter
inscrire	to write down	écrire
insinuer	to insinuate	continuer
insister	to insist, stress	insister
inspecter	to inspect	insister
inspirer	to inspire	insister
installer	to set up	insister
instruire	to instruct	conduire
insulter	to insult	insister
interdire	to forbid	prédire
interdire	to forbid	interdire
intéresser	to interest	intéresser
interpréter	to interpret	répéter
interroger	to interrogate	bouger
interrompre	to interrupt	rompre
intervenir	to intervene	venir
intimider	to intimidate	insister
introduire	to introduce	conduire
invalider	to invalidate	insister
inventer	to invent	insister
inviter	to invite	inviter
invoquer	to invoke	insister
irriter	to irritate	insister
isoler	to isolate, insulate	insister
jaillir	to spurt out	finir
jalonner	to mark, line, stretch along	donner
jardiner	to garden	donner
jaser	to chatter	donner
jaunir	to turn yellow	finir
jeter	to throw	jeter
jeûner	to fast	donner
joindre	to join	joindre
jouer	to play	jouer
juger	to judge	nager
jurer	to swear, vow	jurer
justifier	to justify	étudier

French Verb	English Translation	Model Verb
kidnapper	to kidnap	donner
klaxonner	to honk	donner
labourer	to plow	donner
lâcher	to loosen, let go	donner
laisser	to leave, to let	laisser
se lamenter	to lament	se moquer
lancer	to throw	lancer
laver	to wash	laver
lécher	to lick	céder
lever	to lift, raise	lever
libérer	to liberate, free	espérer
lier	to bind, link	étudier
limer	to file (nails)	donner
limiter	to limit	donner
lire	to read	lire
livrer	to deliver	donner
loger	to lodge	nager
longer	to follow to go along	changer
louer	to rent, praise	louer
luire	to shine	conduire
lutter	to struggle, wrestle	donner
mâcher	to chew	donner
maigrir	to lose weight	maigrir
maintenir	to maintain	maintenir
malmener	to manhandle	mener
maltraiter	to mistreat	donner
mandater	to appoint, commission	donner
manger	to eat	manger
manier	to handle	étudier
manifester	to show, demonstrate	donner
manipuler	to manipulate	donner
manquer	to miss	donner
maquiller	to disguise, put make-up on s.o.	donner
marchander	to bargain, haggle	donner
marcher	to walk, march, function	marcher
marier	to marry	étudier
marquer	to mark, indicate	donner
mastiquer	to chew, putty	donner
méconnaître	to be unaware of, fail to understand	connaître
médire	to malign	prédire

French Verb	English Translation	Model Verb
méditer	to meditate	donner
se méfier	to mistrust	étudier
mélanger	to mix	mélanger
mêler	to mix, mingle, muddle	donner
menacer	to threaten	agacer
ménager	to handle carefully, go easy on, bring about	partager
mendier	to beg	étudier
mener	to lead	mener
mentionner	to mention	donner
mentir	to lie	mentir
se méprendre	to be mistaken	prendre
mépriser	to scorn	donner
mériter	to merit	donner
mesurer	to measure	donner
mettre	to put	mettre
meubler	to furnish	donner
se mirer	to look at oneself	donner
modérer	to moderate	espérer
moderniser	to modernize	donner
modifier	to modify	étudier
moduler	to modulate, inflect	donner
moissonner	to harvest, reap	donner
monter	to climb, go up	monter
montrer	to show	montrer
se moquer	to mock	se moquer
mordre	to bite	mordre
se moucher	to blow s.o.'s nose	donner
moudre	to mill, grind	moudre
mouiller	to wet	donner
mourir	to die	mourir
multiplier	to multiply	étudier
munir	to provide, to equip	finir
murmurer	to murmur	donner
mystifier	to mystify	étudier
nager	to swim	nager
naître	to be born	naître
narrer	to narrate	donner
naviguer	to navigate	donner
négliger	to neglect	corriger
négocier	to negotiate	étudier

French Verb	English Translation	Model Verb
neiger	to snow	neiger
nettoyer	to clean	nettoyer
neutraliser	to neutralize	donner
nier	to deny	étudier
noircir	to blacken	finir
noliser	to charter	donner
nommer	to name	donner
noter	to write down, notice	donner
notifier	to nofify	étudier
nouer	to tie, knot	continuer
nourrir	to feed	finir
noyer	to drown	employer
nuire	to harm	conduire
obéir	to obey	finir
obliger	to oblige	corriger
obscurcir	to darken	finir
observer	to observe	oser
s'obstiner	to insist, be obstinate	se moquer
obtenir	to obtain	obtenir
obvier	to take precautions, overcome	étudier
occuper	to occupy	oser
octroyer	to grant, bestow	employer
offenser	to offend	oser
officier	to officiate	étudier
offrir	to offer	offrir
omettre	to omit	mettre
opérer	to operate	espérer
opposer	to oppose	oser
opprimer	to oppress	oser
opter	to opt, choose	oser
ordonner	to arrange, command, prescribe	oser
organiser	to organize	oser
orienter	to orient, position	oser
orner	to decorate, adorn	oser
oser	to dare	oser
ôter	to remove, take away	oser
oublier	to forget	oublier
outrepasser	to exceed, go beyond	passer
ouvrir	to open	ouvrir
pacifier	to pacify	étudier
pâlir	to become pale, fade	finir

French Verb	English Translation	Model Verb
paraître	to appear, seem	paraître
parcourir	to cover a distance, travel	courir
pardonner	to pardon, forgive	pardonner
parer	to prepare for, dress, fend off	donner
parfumer	to perfume, scent	donner
parier	to bet, wager	étudier
parler	to talk, speak	parler
partager	to share, divide	partager
participer	to participate	donner
partir	to leave	partir
parvenir	to reach, manage	venir
passer	to pass	passer
patiner	to skate	donner
payer	to pay	payer
pécher	to sin	céder
pêcher	to fish	pêcher
pédaler	to pedal	donner
peigner	to comb	donner
peindre	to paint	peindre
peler	to peel	mener
pencher	to tilt, lean over	donner
pendre	to hang	vendre
pénétrer	to enter	célébrer
penser	to think	penser
percer	to pierce	lancer
percevoir	to perceive	recevoir
percher	to perch, hang out	donner
perdre	to lose	mordre
perfectionner	to perfect	donner
perforer	to perforate	donner
périr	to perish	finir
permettre	to permit	permettre
perpétrer	to perpetrate	célébrer
persister	to persist	donner
personnifier	to personnify	étudier
persuader	to persuade	donner
peser	to weigh	peser
peupler	to populate	donner
photocopier	to photocopy	étudier
photographier	to photograph	étudier
piéger	to trap	protéger

French Verb	English Translation	Model Verb
piger	to work freelance, understand	nager
piloter	to pilot, fly	donner
pincer	to pinch	lancer
piquer	to sting, give a shot	donner
placer	to put	agacer
plaider	to plead	donner
plaindre	to pity	craindre
plaire	to please	plaire
plaisanter	to joke	donner
planter	to plant	donner
pleurer	to cry	pleurer
pleuvoir	to rain	pleuvoir
plier	to fold, bend	étudier
plonger	to dive	changer
polir	to polish	finir
pondre	to lay (eggs), produce	vendre
porter	to wear, carry	donner
poser	to put, ask (a question), pose	poser
posséder	to possess	céder
pourrir	to rot, spoil	finir
poursuivre	to pursue, continue	suivre
pousser	to push	donner
pouvoir	can, may, be able to	pouvoir
pratiquer	to practice	donner
précéder	to precede	céder
prêcher	to preach	donner
précipiter	to precipitate	donner
préciser	to specify, clarify	donner
prédire	to predict	prédire
préférer	to prefer	préférer
prendre	to take	prendre
préoccuper	to preoccupy	donner
préparer	to prepare	donner
prescrire	to prescribe, order	écrire
présenter	to present, introduce	présenter
préserver	to preserve	donner
présider	to preside over, chair	donner
pressentir	to have a premonition	sentir
presser	to press, squeeze	donner
prétendre	to claim	vendre
prêter	to loan	donner

French Verb	English Translation	Model Verb
prévenir	to warn, inform, prevent	venir
prévoir	to foresee	prévoir
prier	to pray	étudier
priver	to deprive	donner
procéder	to proceed	céder
procurer	to procure	donner
produire	to produce	conduire
profiter	to make the most of, be profitable	donner
progresser	to progress, increase	donner
projeter	to project, plan	jeter
prolonger	to prolong, extend	déranger
promener	to take for a walk	mener
promettre	to promise	promettre
prononcer	to pronounce	lancer
proposer	to suggest, propose	donner
proscrire	to prohibit	écrire
prospérer	to prosper	espérer
protéger	to protect	protéger
protester	to protest	donner
prouver	to prove	donner
provenir	to come from, be due to	venir
provoquer	to provoke	donner
publier	to publish	étudier
puer	to stink	continuer
punir	to punish	finir
qualifier	to qualify	étudier
quérir	to summon	acquérir
quitter	to leave	quitter
raccommoder	to mend, repair	donner
raccourcir	to shorten	finir
raccrocher	to hang up	donner
raconter	to tell, narrate, recount	raconter
rafraîchir	to cool, freshen, refresh	finir
rager	to fume	nager
raisonner	to reason, argue	donner
ralentir	to slow down, slacken	finir
ramasser	to pick up, gather	donner
ramener	to take back	mener
ramer	to row (boat), work hard	donner
ranger	to arrange	changer
rappeler	to recall	rappeler

French Verb	English Translation	Model Verb
rapporter	to bring again/back	donner
rapprocher	to bring closer/together, compare	donner
raser	to shave s.o., bore	donner
rassembler	to gather, assemble, collect	donner
rassurer	to reassure	donner
rater	to miss, fail	rater
rationner	to ration	donner
rattraper	to catch, recapture, recover	donner
ravager	to ravage, devastate	partager
ravir	to delight	finir
rayer	to line, scratch out/off	payer
réaliser	to achieve, fulfill, realize	donner
recevoir	to receive	recevoir
réchauffer	to reheat, warm up	donner
rechercher	to look for, seek	donner
réciter	to recite	donner
réclamer	to ask for, claim, demand	donner
récolter	to harvest	donner
recommander	to recommend	donner
récompenser	to reward	donner
réconcilier	to reconcile	étudier
reconduire	to renew	conduire
reconnaître	to recognize	connaître
reconstruire	to rebuild	construire
recoudre	to sew back	coudre
recourir	to run again, turn to	courir
recouvrir	to recover	ouvrir
récrire	to rewrite	écrire
rectifier	to rectify, adjust	étudier
recueillir	to collect, gather	finir
reculer	to move back/away, recede, decline	donner
rédiger	to write	corriger
redire	to repeat	dire
redoubler	to increase, intensify	donner
redouter	to dread, fear	donner
redresser	to straighten up, set right	donner
réduire	to reduce	conduire
réélire	to re-elect	lire
refaire	to redo	faire
référer	to refer	espérer
refermer	to close again/back	donner

French Verb	English Translation	Model Verb
réfléchir	to think	finir
refléter	to reflect	répéter
refroidir	to cool	finir
se réfugier	to take refuge	étudier
refuser	to refuse	donner
regarder	to watch, look at	regarder
régler	to settle, regulate	célébrer
régner	to reign	céder
regretter	to regret	donner
rejeter	to reject	jeter
rejoindre	to rejoin	joindre
réjouir	to delight	finir
relever	to stand up (again), raise, notice	lever
relier	to join, link, bind	étudier
relire	to reread	lire
remarquer	to remark	donner
remercier	to thank	étudier
remettre	to put on again, put back	mettre
remonter	to go back up, wind up, rise again	donner
remplacer	to replace	agacer
remplir	to fill	remplir
remuer	to move, twitch	continuer
rencontrer	to meet	rencontrer
rendre	to give back, return	rendre
renfermer	to lock again	donner
renoncer	to renounce	lancer
renouveler	to renew	appeler
renseigner	to inform	donner
rentrer	to return home	rentrer
renverser	to knock over, overturn	donner
renvoyer	to dismiss, fire	envoyer
répandre	to spread, spill	vendre
reparaître	to reappear	paraître
réparer	to repair	donner
repartir	to restart, leave again	partir
repasser	to iron, pass again	repasser
repeindre	to repaint	peindre
se repentir	to repent	finir
répéter	to repeat	répéter
répliquer	to reply	donner
répondre	to answer	vendre

French Verb	English Translation	Model Verb
se reposer	to rest	donner
repousser	to repel, reject, push away	donner
reprendre	to take again, recover, resume	prendre
représenter	to represent, depict, perform	donner
réprimander	to reprimand	donner
reprocher	to criticize, reproach	donner
reproduire	to reproduce	conduire
réserver	to reserve	donner
résigner	to resign	se moquer
résister	to resist	donner
résonner	to resonate, reverberate	donner
résoudre	to resolve	résoudre
respecter	to respect	donner
respirer	to breathe, inhale, exude	donner
ressembler	to resemble	donner
ressentir	to feel	sentir
rester	to stay	rester
restreindre	to restrict	peindre
résulter	to result	donner
résumer	to summarize	donner
rétablir	to re-establish	finir
rétamer	to wear out	donner
retarder	to delay, make late	donner
reteindre	to dye again	peindre
retenir	to retain	tenir
retirer	to remove, take off/out	donner
retomber	to fall again/back, come down, collapse	donner
retourner	to return, go back	retourner
retrouver	to find (again), remember, regain	donner
réunir	to reunite, assemble	finir
réussir	to succeed	finir
réveiller	to wake up	réveiller
révéler	to reveal	céder
revenir	to come back	venir
rêver	to dream	donner
reverser	to pour out more, pay back	donner
revêtir	to put on	vêtir
revoir	to see again	voir
rire	to laugh	rire
risquer	to risk	donner
rompre	to break	rompre

French Verb	English Translation	Model Verb
ronfler	to snore, hum, roar	donner
ronger	to gnaw at, eat into	changer
rougir	to blush, redden	finir
rouler	to roll, drive (a car)	donner
rouvrir	to reopen	ouvrir
ruiner	to ruin	donner
sacrifier	to sacrifice	étudier
saillir	to protrude, jump out	assaillir
saisir	to seize	finir
salir	to soil, dirty up	finir
saluer	to greet, salute	continuer
sangler	to strap	donner
sangloter	to sob	donner
satisfaire	to satisfy	faire
sauter	to jump	sauter
sauver	to rescue, save	donner
savoir	to know	savoir
sécher	to dry	céder
secouer	to shake	continuer
secourir	to help	courir
séduire	to seduce	conduire
séjourner	to sojourn, stay	donner
sélectionner	to select	donner
sembler	to seem	sembler
semer	to sow, spread	mener
sentir	to feel, smell	sentir
séparer	to separate	donner
serrer	to hold tight, squeeze, shake (hands)	donner
servir	to serve	servir
siffler	to whistle	donner
signaler	to signal, point out	donner
signer	to sign	donner
signifier	to signify, mean	étudier
simplifier	to simplify	étudier
simuler	to simulate	donner
skier	to ski	étudier
soigner	to treat, look after, take care of	donner
songer	to dream	changer
sonner	to ring	sonner
sortir	to go out	sortir
souffler	to blow, pant	donner

French Verb	English Translation	Model Verb
souffrir	to suffer	finir
souhaiter	to wish	souhaiter
souiller	to soil	donner
soulager	to relieve, soothe	partager
soûler	to make drunk	donner
soulever	to lift, raise	lever
souligner	to underline, stress	donner
soumettre	to submit	mettre
soupçonner	to suspect	donner
souper	to have dinner	donner
soupirer	to sigh	donner
sourire	to smile	sourire
souscrire	to subscribe	écrire
soutenir	to support	tenir
se souvenir	to remember	venir
spécifier	to specify	étudier
stationner	to park	donner
stimuler	to stimulate	donner
subir	to undergo, suffer	finir
substituer	to substitute	continuer
subvenir	to provide for	venir
succéder	to succeed	céder
sucer	to suck	agacer
suffire	to suffice	suffire
suggérer	to suggest	suggérer
suivre	to follow	suivre
supplier	to beg, supplicate	étudier
supporter	to support, endure	donner
supposer	to suppose, assume	donner
supprimer	to delete, suppress	donner
surgir	to appear suddenly, arise, emerge	finir
surprendre	to surprise	prendre
surveiller	to watch, supervise	donner
survenir	to occur	venir
survivre	to survive	vivre
survoler	to fly over	donner
suspendre	to hang up, suspend	vendre
tacher	to stain, spot	donner
tâcher	to try, endeavor	donner
se taire	to be quiet, shut up	se taire
taper	to type, knock	donner

French Verb	English Translation	Model Verb
taquiner	to tease	donner
tarder	to delay, take a long time	donner
teindre	to dye	peindre
téléphoner	to call	donner
témoigner	to testify, show	donner
tendre	to strain, stretch, strive toward	vendre
tenir	to hold	tenir
tenter	to tempt, attempt	tenter
terminer	to end, terminate	donner
tester	to test	donner
tirer	to pull	donner
tisser	to weave	donner
tolérer	to tolerate	espérer
tomber	to fall	tomber
tonner	to thunder	donner
toquer	to knock	donner
tordre	to twist	mordre
toucher	to affect, touch	donner
tourner	to turn	tourner
tousser	to cough	donner
se tracasser	to worry	donner
tracer	to draw	agacer
traduire	to translate	traduire
trahir	to betray	finir
traîner	to pull, drag	donner
traiter	to treat, negotiate	donner
transcrire	to transcribe	écrire
transférer	to transfer	espérer
se transformer	to transform, change	donner
transmettre	to transmit	mettre
transparaître	to show through	paraître
travailler	to work	travailler
traverser	to cross	donner
tressaillir	to shudder	assaillir
tresser	to braid, plait, twist	donner
tricher	to trick, cheat	donner
tromper	to deceive, trick, fool	tromper
trouver	to find	trouver
tuer	to kill	tuer
tutoyer	to use *tu*	tutoyer
ululer	to hoot, screech	oser

French Verb	English Translation	Model Verb
unifier	to unify	étudier
unir	to unite	finir
urger	to be urgent	nager
user	to wear out	oser
utiliser	to use	oser
vaciller	to sway, wobble, waver	donner
vaincre	to defeat	convaincre
valider	to validate, authenticate, ratify	donner
valoir	to be worth	valoir
valoriser	to develop, increase the value of	donner
vanter	to praise	donner
varier	to vary	étudier
veiller	to stay up, watch over	donner
vendre	to sell	vendre
venger	to avenge	changer
venir	to come	venir
verdir	to turn green	finir
vérifier	to verify	étudier
verser	to pour	verser
vêtir	to clothe	vêtir
vexer	to upset, offend	donner
vider	to empty, drain	donner
vieillir	to age	finir
viser	to aim	donner
visiter	to visit	visiter
vivre	to live	vivre
voiler	to veil	donner
voir	to see	voir
voler	to steal, fly	voler
vomir	to vomit	finir
voter	to vote	donner
vouloir	to want	vouloir
vouvoyer	to use *vous*	vouvoyer
voyager	to travel	voyager
warranter	to guarantee with a warrant	donner
zébrer	to stripe	célébrer
zézayer	to lisp	essayer
zoner	to zone	donner